红色记忆® 34

炮火中的抗日少年先锋

海南省文化交流促进会　编

南海出版公司

2014・海口

图书在版编目（CIP）数据

红色记忆．第1辑．34 / 海南省文化交流促进会编．
—海口：南海出版公司，2014.5（2025.1重印）
ISBN 978-7-5442-7122-6

Ⅰ．①红… Ⅱ．①海… Ⅲ．①革命传统教育—中国—
青少年读物 Ⅳ．①D642-49

中国版本图书馆CIP数据核字（2014）第077533号

HONGSE JIYI · DI 1 JI · 34

红色记忆 · 第1辑 · 34

作　　者　海南省文化交流促进会
总 策 划　刘　栋
顾　　问　贾延岩
执行总编　任在齐　张　桐　张爱国
责任编辑　聂　敏
封面设计　郑广明
排版印务　魏灵玲
发行总监　杨成春
出版发行　南海出版公司　电话：（0898）66568508　66568511
社　　址　海南省海口市海秀中路51号星华大厦五楼　邮编：570206
电子信箱　nhpublishing@163.com
经　　销　新华书店
印　　刷　天津睿意佳彩印刷有限公司
开　　本　787毫米×1092毫米　1/16
印　　张　6.25
字　　数　100千字
版　　次　2014年5月第1版　2025年1月第2次印刷
书　　号　ISBN 978-7-5442-7122-6
定　　价　39.80元

序

对历史无知的人，没有真正的信仰可言；没有信仰的人，不可能拥有美好的理想，不可能胸怀崇高的情感，也就不可能担负起任何责任。用欲望文化代替历史教育，足以使一个国家的青年被腐蚀、使一个民族的希望被毁掉，使这个国家和民族被永世万代地奴役！

鉴于此，我们呼唤历史，唤回那段属于二十世纪的“红色”历史，唤回那段炮火硝烟、颠沛流离的历史，唤回那冲天的狼烟留下的悲壮回忆、岁月年轮沉淀的斑驳痕迹。历史不应该被忽略，更不应该被遗忘，牢记那段革命战争年代的红色历史更是责任。为了那些不应该被忘却的记忆，为了那些不应该被丢弃的信念，于是就有了这套《红色记忆》丛书。

曾记否，当草鞋与意志丈量出来的两万五千里穿越一个伟大民族五千年的荣辱兴衰，革命的火种被一路播撒、一路点燃。人迹罕至的雪山、荒无人烟的草地被鲜血浸透，衬映出一段光辉的里程；万水千山早已被远远地抛在身后，一轮红日在黄土高原磅礴而起。满目疮痍的河山在1936年10月温暖如春……

曾记否，当生命和鲜血浸染的十几年光阴将一种记忆铭刻进一个伟大民族的历史画卷，革命的火焰从星火到燎原。这栏杆拍遍、易水悲歌般的呼号，这折戟沉沙、慷慨赴义的悲壮，这铁马冰河、枕戈待旦的苦战，这红旗漫卷、所向披靡的豪迈……腔腔热血、铮铮铁骨早已被熔铸成一座不朽的丰碑，中华民族从苦难中百死后生的壮丽诗史凝结成了五星闪耀的红色记忆。

曾记否，中华人民共和国成立以来，又有无数英烈接过前辈用鲜血染红的旗帜，或壮怀激烈戍边卫国，或忠于职守鞠躬尽瘁，或绝甘分少奉献大爱，甘做国家强盛、人民富裕的铺路石，成为和平年代民族复兴的荣光，把人民心中的红色记忆浸染得分外鲜艳，永不褪色。

这红色记忆，是信念不衰、志向不改的崇高气节；这红色记忆，是无私无我、生属苍生的博大胸怀；这红色记忆，是敢为人先、披荆斩棘的拓荒精神；这红色记忆，是中华民族最宝贵的精神财富。它告诫我们，人事有代谢，传承无绝期。缅怀先烈精神，继承先烈遗志，是社会的道德和民族的良心，是后来者须臾不可忘怀的本分。

老一代人把历史的真实交付给我们，我们有责任用真实还原历史，传承给下一代，把那段岁月与现在年轻人的生活连接到一起，使他们眼中的历史变得立体、真实、可靠，让历史成为他们前进的动力。本丛书将那些流动的、随时会飘散在时间天际的事件凝固下来，希望透过这些文字、图片，感受到英雄们那坚定的革命信念，感受到那个年代澎湃的革命激情，真切体会那段“红色历史”。

忘记历史，就意味着背叛。让我们重温历史，缅怀先烈，从中汲取力量，毅然前行。

刘栋

目录

CONTENT

目录

CONTENT

担任童子团团长

文 / 李德生

李德生

李德生（1916 年—2011 年），河南新县陈店乡人，是中国共产党的优秀党员，无产阶级革命家、军事家，我党、我军卓越的领导人。1930 年 2 月，参加革命工作。1931 年 2 月，加入中国共产主义青年团。1932 年 2 月，转为中国共产党党员。1955 年，被授予少将军衔。1988 年，被授予上将军衔。中国共产党第九届中央委员、中央政治局候补委员，第十届中央委员、中央政治局委员、常务委员、中央委员会副主席，第十一届中央委员、中央政治局委员，第十二届中央委员、中央政治局委员，中共中央顾问委员会委员、常务委员。

1928 年 6 月，红军解放了我的家乡柴山堡地区，建立了苏维埃政权。大人们兴高采烈，孩子们也像过年了一样高兴。1929 年，我们村成立了童子团，后来叫儿童团，有二十几个人。我被推举为童子团团长。当时，还有一个牧童工会，我也参加了，心情特别高兴，感到有了自己的组织和依靠的力量。

柴山堡革命根据地是大别山地区第一个也是最大的革命根据地，位于光山县西南部，东起羚羊山，西到天台山的黄杨寨，北起白沙关，南到台盘山、双门山至湾店，东西南北纵横各有二十来公里。1924 年，这里就有了共产党领导的革命活动。湖北的黄（安）麻（城）武装暴动，又有力地推动了这里革命形势的发展。黄麻起义曾占领黄安县城（今红安县）二十一天，成立了黄安县苏维埃政府。但由于当时起义部队人枪都处于劣势，在敌人重兵包围之下，起义军领导人吴光浩、戴克敏等，不得不率部队撤出黄安县城，北上进入河南域内。先是到了我家乡南部的木城寨，辗转游击在木兰山一带；后来发现柴山堡地区条件更好，于是这支起义部队于 1928 年 6 月进驻了柴山堡。1929 年，徐向前同志率领红军打到这里，9 月建立了鄂豫边区特委。后来这里扩大成鄂豫皖革命根据地，是鄂豫皖苏维埃的首府，中央鄂豫皖分局也设在新集镇。这里的革命形势迅速发展起来，苏维埃政权、党团组织、各种群众团体相继成立，童子团也就应运而生了。

大家推举我当童子团团长，我很高兴，但不知怎么干。后来在苏维埃政府和共产主义青年团的帮助下，我才逐步明确了任务，把工作开展起来。按照苏维埃政府的要求，童子团的活动很正规，有袖标，脖子上系根小红领带，人们叫它“赤化带”。人手一根木棍，算是武器。木棍是统一的，有一米二三的样子，一头涂成黑色，一头是红的，操练的时候扛在肩上。我们管这叫“红黑不认人”，意思是谁违犯了苏维埃的法令、规定，都可以用这根木棍教训他。我们都很神气，但又很羡慕守备队。因为守备队比我们更正规，他们是统一发的红缨枪，相当于自卫军，也叫“赤卫队”，组织纪律很严，集体吃住，和部队一样执行战斗任务。我们童子团也想像红军一样去打仗。

童子团听苏维埃的指挥，主要是站岗放哨、盘查行人、砸庙子、搞游行。搞游行是经常的事。大家排着队，把“红黑不认人”的木棍扛在肩上，手里拿着三角小彩旗，呼喊着苏维埃规定的口号，比如，“打倒蒋介石”“打倒汪精卫”“打倒张发奎”“打土豪分田地”等。这些口号在根据地内叫得很响，群众已经懂得，不打倒国民党，不打倒土豪劣绅，穷人就不能生存。那时国民党是要把共产党斩尽杀绝呀！但群众没有被吓倒。游行中也搞一些宣传，比如，为了分化敌人内部的力量，编一些非常有策略的口号：“为绅不劣者不杀”“有土不豪者不打”等。这样的政策，可以使一些中小地主保持中立，削弱敌人的力量。我们也学会了一些政治性很强的歌谣，使宣传更有感染力、号召力，增强宣传效果。比如：

土豪是个鳖，农民是块铁，要打共产党，除非天来灭；农友一条心，革命无不胜，野火烧不尽，春风吹又生。

这是从箭厂河那边传过来的，据说是游击队写的一条标语。

童子团的活动在群众中产生了很大影响，大人们也不能不对我们刮目相看。有人说，没想到这些孩子能干这么大的事。加上苏维埃的领导经常表扬我们，影响就更大了。不过，现在回过头来看，那时干的一些事，有的也有一些盲目性。这也难怪，十岁左右的孩子，还不能真正理解“革命”二字的深刻含义。

儿童们被组织起来，参加一些革命活动，我最深的体会是感到做人的地位提高了。一个生活在社会最底层的放牛娃，一下子翻了身，扬眉吐气，成了主人，这不能不说是翻天覆地的变化。那

时我们干起革命工作，浑身都是劲，真有天不怕地不怕的劲头，谁敢说红军不好，谁敢说苏维埃的坏话，我们是不能放过他的，那可真是“红黑不认人”。

这个少年组织，为巩固和发展根据地做了不少有益的工作。红军主力进驻柴山堡地区后，我的家乡成了国民党“清乡”“围剿”的重要目标。像什么“罗李会剿”“鄂豫会剿”“徐夏会剿”，还有其他地方武装对根据地的进攻和“清乡”。敌人严密封锁，严密控制，实行“清乡”“会剿”，对共产党、革命武装力量要斩草除根，残酷镇压，烧杀抢掠什么事都干，也可以说是“三光”政策——抢光、烧光、杀光。我家的房子就被烧了好几次。1928 年烧过一次，那时还是瓦房。1929 年，全村的房子都被烧光了，半间没剩。到了 1930 年，没什么可烧的了就烧山，所有山上的树都烧光了。他们烧山是为了对付红军游击队，让游击队无处藏身。这从反面教育了人民，人民群众对国民党恨极了。

粉碎敌人的“会剿”和“清乡”，童子团也有一份功劳。我们除了站岗放哨、盘查行人外，还担负送信、带路、转移群众的任务。我们那些穷孩子，都是土生土长的，放牛、砍柴、玩耍，常年都在山上转，路熟、地形熟。哪里有路，哪里没路；哪里树多，哪里树少；哪座山好上好下，哪座山不好上不好下，都熟悉得很，带路从没出过差错。让我们送信也有把握，因为路熟、地形熟，送信从不走大路，都是钻树林走山间小路，又隐蔽，又快捷，还准确无误。童子团还给红军搞情报，有的反动武装要进攻根据地，我们得到点消息，赶紧向红军报告，起了不小作用。那一阵子，根据地的工作搞得红红火火，革命群众的积极性非常之高。可以说，根据地是发展革命力量、保护革命力量的红色堡垒区。一块根据地，就是一座坚强的堡垒。红军撤出根据地后，国民党对根据地实行白色恐怖，抢、掠、烧、杀，无恶不作，但根据地的红旗始终没倒。为什么？就是宣传教育的结果。那时红军一进入根据地，就宣传马列主义，宣讲革命道理。有人说，农民没文化，不懂马列主义，根本不是那么一回事。农民没有文化，但阶级觉悟高，容易接受革命道理，更重要的是这些道理，是穷人翻身求解放的武器，他们懂得了、掌握了，就照着去做，就和军阀、地主去斗。那时，人民群众与红军连在了一起，血肉不可分。在根据地内大人、小孩都发动起来了，轰轰烈烈地闹革命。打倒帝国主义、打倒军阀的口号深入人心，家喻户晓。当时有一首歌：“打倒帝国主义，扫除封建势力，实行土地革命，重新建立无产政权，各尽所能，各取所需……”这首歌大人小孩都会唱，响遍了各个根据地。

对童子团那段斗争生活，我很怀念，至今记忆犹新。那时尽管革命道理懂得不多，但阶级界限很分明，具备了起码的阶级觉悟，也具备了干革命的勇气。从那时起，我就坚定了一个信念：跟着共产党走，跟着红军干革命。应该说，这是我走上革命道路的起点。

（本文节选自《李德生回忆录》）

小八路当年才十岁

文/谭 洁 谭 超

林虎将军

林虎，1927年12月出生，山东招远人。1938年，参加八路军，在山东沂蒙山区抗日根据地对日作战。1950年9月，任解放军空军某师副团长，1951年冬，率部参加抗美援朝空战。1956年，任空军某师师长。1985年，任空军副司令员，1988年，被授予空军中将军衔。是第七届、第八届全国人大代表，人大外事委员会委员。

“共产党是我再生的母亲，八路军是我今生的家庭。”

1938年，胶东抗日根据地，十岁的“小兵”林虎郑重地在日记本上写下这段话。几个月前，他刚刚从家中逃出。

幼儿时，林虎被人从哈尔滨孤儿院买回“家”，受尽虐待。他从“家”中出逃了九次，最后一次偶遇八路军，被收留当了一名小兵。

他被分配到一个单位当勤务员。战争年代，勤务员有一项任务是给其他单位送文件。执行这项任务，白天还好说，到了深夜，派一个小战士走远路怕有安全问题，于是就常常派两个人去。当时林虎的名字叫林根生，另一个勤务员姓张。领导为了叫起来省事，就说：“给你们两个改名吧，你叫林虎，他叫张龙。”这个名字传出去，就再也没改。

林虎在八路军队伍中感受到了从未有过的温暖。他给性格温和的干部张少红当勤务员，后来又被派去为从延安和山东纵队机关来胶东检查工作的小组服务。大家对林虎非常好，经常给他讲毛主席的故事和朱德总司令与战士们一起打篮球等官兵一致的故事。夜间行军中，张少红把打盹的林虎抱上自己的马，再用绳子给他绑紧，免得他滑落到马肚子下面去。

有一次日军突然“扫荡”，突围中，首长把驮有机密文件的马交给林虎，郑重地交代：“任何情况下，马身上的文件一份都不能丢！”当时天上敌人的飞机向突围的人群轰炸、扫射，十几匹失控的马乱窜、啸叫，一些人呼喊林虎把马放掉，但林虎没有放掉马，反而骑上去，打了几鞭，在纷乱的人群中冲了出去。结果他掉了队，愣是找了三天三夜才找到部队。在随后的战斗总结大会上，林虎受到表扬和奖励。

“死算个啥，牺牲在我们眼前、身边的战友太多啦！但一打起仗来，枪炮一响，啥也顾不上想。”1941年，在一次激烈的战斗中，趴在石坝上作战的林虎被一个炮弹震到深沟里，当场昏过去。在那个艰苦岁月里，林虎作战英勇，经历过多次生死考验。他得过伤寒、疟疾等各种疾病，最厉害的是黑热病，当时在根据地没有特效药，很多战士因此牺牲了。时任山东军区司令员兼政委的罗荣桓去医院视察，看到这个情况后，立即让济南和青岛的地下工作者尽快搞到特效药。几天后，珍贵的救命药被紧急运到根据地，林虎和许多战友幸运地得救了。

“去空中打击敌人！”

抗战胜利后，十八岁的林虎幸运地被选上，成为人民军队第一批飞行学员。他高兴极了。他永远都忘不了，最敬爱的首长、导师，山东纵队宣传部部长刘志超就牺牲在日军的炮火下。刘志超很喜欢林虎，告诉林虎不打仗时就到宣传部去找他学文化。在残酷的硝烟炮火里，刘志超推荐给林虎读的《八月的乡村》《普希金诗歌》等经典名著深深地滋养着林虎的心灵，为他打下了扎实的文化基础。

在东北老航校学习期间，林虎刻苦努力，很快成为佼佼者。1949年，由于表现优异，林虎被选中参与了开国大典的受阅飞行，驾机飞过天安门。几年后，在抗美援朝战场、国土防空作战中，林虎率队多次在空中打击敌人，击落多架敌机。晚年回忆起自己的军旅生涯，林虎老将军很是感慨：“从‘小兵’到‘老兵’，关键是当个好兵。”

（本文选自《解放军报》）

抗日儿童团团长的故事

文/车　燕　刘源宇

1927年10月，耿其俭出生在山东莱芜铜冶店村，刚满十二岁的他因家乡被日军侵略占领，被迫失学回家种地。他的家乡正好是抗日根据地和日军犬牙交错的地方，且距敌伪据点只有六至十二公里，日军“扫荡”是常事。

“那时，我们天天过着提心吊胆、暗无天日的日子，就怕日本鬼子又来抢粮、抢人。”老人回忆道。最难以忘记的是1940年9月的一天黄昏，村民们刚收工回家，忙家务、做晚饭。突然听到村里的人在喊：“鬼子已经到村西头了！”村民们拼命地跑。“我当时正在家放猪，也赶着十头猪赶紧往村东头的山坡跑。夜间，站在山头上，远远望见村里火光冲天，只听见妇幼、老人的哭喊声，猪、羊、鸡的惨叫声……”

第二天，村民们忍饥挨饿地回到村里时，一看都惊呆了，粮食全部被抢光，猪、羊、鸡全部杀光——村里一片狼藉，惨不忍睹。

说到这里，老人哽咽了。邻居郭二娘的女儿，那一年才十六岁，日军进村“扫荡”时，来不及逃跑，惨遭日本兵轮奸……

老人对日本侵略军痛恨入骨。于是，他召集起二十多个小伙伴，组成了抗日儿童团，他当团长，为村里站岗放哨、送信、带路。十五岁时他又参加了民兵队伍，打游击、埋地雷，配合八路军与敌人打游击战。

1945年，耿其俭加入中国共产党。同年7月，他带头响应号召，参加八路军独立营，还带动了多名青年入伍，投入抗日大反攻，终于在1945年8月15日，迎来了抗日战争的最后胜利。

那个胜利日，老人至今难忘。“当时大家高兴得真是没法形容，大家都高兴地跳着，到处锣鼓喧天，老百姓总算可以过上安心日子了。”老人回忆道。

（本文选自《宜宾晚报》，有删节）

“李二小”智送“鸡毛信”

文/逄　明　田海军

小英雄王二小在冀南为八路军送鸡毛信的故事在中国大地上广为流传，河北唐山丰南县（今丰南区）高庄乡于家泊村的“李二小”为八路军勇送鸡毛信的故事也广为传颂。“李二小”即原成都军区司令员、“霹雳将军”李九龙。

1944年3月11日，日伪军突然封锁了于家泊村外的道路，三步一岗、五步一哨，戒备森严。原来，敌人采取沿途封锁的办法，准备突袭驻扎在艾坨村的八路军。以前，日军一有行动，村子里的武工队总能把情报及时送到，常常使敌人扑空。这回，敌人改变策略，所到之处先封锁道路，然后再向目的地逼近。情况万分紧急，武工队找来李九龙要他把信送出去。

李九龙与几个小伙伴上路了。他们避开岗哨，偷偷溜出了村子，向艾坨村方向走去。突然，不远处有一群日本兵走了过来。小伙伴们顿时慌了神，转身钻进了路边的荆棘丛中。李九龙心想，如果自己也跟着跑，那么一定会引来日本兵的追赶，不但不能完成武工队交给的任务，还会被日本兵抓住。想到这里，他把信紧紧攥在手里，脱下衣服，搭在肩上，大摇大摆地向日本兵走去。日本兵看他只不过是个小孩，也就没把他当回事。就这样，李九龙顺利地通过了日本兵的搜查，成功地把信送到八路军的手中，避免了八路军的一次重大损失。

（本文选自《解放军报》）

《共产儿童团歌》
——时刻准备着的少年儿童

文/王晓军　张东隅

1=G $\frac{4}{4}$

共产儿童团歌

电影《红孩子》插曲

(2 3·5 6 5 | 3·5 2 3 1 0) | 1 3·1 2 5 |

准备好了么？
小兄弟们呀，
帝国主义者，
红色的儿童，

1 3·1 2 5 | 2 3·5 6 5 | 3·5 2 3 5 - |

时刻准备着，我们都是共产儿童团，
小姊妹们呀！我们的将来是无限好的呀，
地主和军阀，我们的精神使他们害怕，
时刻准备着！拿起刀枪参加红军，

1 3·1 2 5 | 1 3·1 2 5 | 2 3·5 6 5 |

将来的主人，必定是我们。嘀嘀嗒嘀嗒
牵着手前进，时刻准备着。
快团结起来，时刻准备着。
打倒军阀地主，保卫苏维埃。

3·5 2 3 1 - |

嘀嘀嗒嘀嗒。

共产儿童团歌简谱

准备好了么？时刻准备着！

1927年至1936年期间，成千上万名唱着《共产儿童团歌》、背着木刀、手拿红缨枪、脖系红布条的共产主义儿童团员活跃在江西革命根据地。

准备好了？准备好为打倒地主老财的剥削，担当起我们的责任了？时刻准备着，因为中国的未来掌握在我们的手中。

“我们是共产主义接班人，美丽的世界，在远处召唤。嘀嘀嗒嘀嗒嘀嘀嗒嘀嗒……”来自遥远岁月的旋律，隐含着稚嫩中的豪情壮志，它们渗透着革命根据地孩子对未来幸福生活的憧憬和凝重的社会责任感。

组织儿童学习文化、宣传新思想和新风尚，反对封建迷信、吸食鸦片、赌博等旧恶习；为红军巡逻、站岗放哨，用竹筒装上石灰水，在墙上书写革命标语；到红军医院、各个村慰问表演——到处都有“红小鬼”的身影。共产主义儿童团壮大了红军队伍的力量，播撒了革命的种子。

苏区部分赤卫队员

从北伐战争时期的劳动童子军，到土地革命时期的共产主义儿童团；从抗日战争时期的抗日儿童团，到解放战争时期的少年先锋队，再到中华人民共和国成立后的中国少年先锋队，中国共产党领导下的少年儿童组织一直是中国少年儿童学习共产主义的学校，是建设中华人民共和国、社会主义和共产主义的预备队。

“准备好了：为共产主义事业而奋斗！时刻准备着！”中国少年先锋队的呼号，就来源于这首歌。

1957 年，长春电影制片厂根据共产儿童团的故事拍摄了影片《红孩子》，再现了那段“红小鬼”与国民党做斗争的历史，主题歌《共产儿童团歌》唱响了中国大地。

重庆城市管理职业学院的马新民老师至今记得，影片《红孩子》中主人公苏保、虎崽、细妹、水生、金根、冬伢子等巧妙地救出了县苏维埃政府的李主席，打死了国民党团长黄静波后，在朝霞中向前方走去时，响起了《共产儿童团歌》的歌声。

“嘀嘀嗒嘀嗒嘀嘀嗒嘀嗒”的军号声中，“红小鬼”们从稚幼的孩童变成白发苍苍的垂暮老人。当年他们所期盼的“将来的主人必定是我们”已经实现，共产儿童团的光荣与梦想仍在代代延续着。

“准备好了：为共产主义事业而奋斗！”每当今天的少先队员宣誓时，仿佛仍然能听到“红小鬼”的齐声回答：“时刻准备着！”

（本文选自《重庆日报》）

国际青年节苏区共产儿童团大检阅

十二岁，我当上了抗日交通员

文 / 邓友梅

邓友梅

邓友梅，1931 年出生，十二岁时参加八路军，曾任中国作协书记处书记。著有中短篇小说集《京城内外》《别了，濑户内海》等。其中《我们的军人》《话说陶然亭》等获全国短篇小说奖，《追赶队伍的女兵们》《那五》《烟壶》分获全国第一二三届中篇小说奖。

“叫老乡，你快去把战场上啊，快去把兵当。莫叫日本鬼子来到咱家乡，一家老少杀个光啊，我的好老乡……”我就是在这首歌鼓舞下，十二岁时参军当了交通员的。

我父亲原在东北军当兵，入关后落户于天津。我刚上到四年级时，父亲干活时把日本工头打伤了，跑回家不敢出门，从此失业。我们只好回到山东老家。这时我的老家已是八路军的抗日根据地了。各村都有民兵、农救会、妇救会、儿童团等组织，常有干部来讲抗日救国的道理。我唱的那首歌，就是在村里动员参军会上学会的。

我姑姑家距我们村三里地，村东头是伪军的据点，西头有所初级小学校。我住到姑姑家上学校听课。校长姓魏，对我很好。有天他对我说：“你文化基础比这里的学生好，又懂抗日救国的道理，为什么不参军抗日呢？”我说：“村长说十六岁以上才能参军，我十二岁，人家不要。”他说：“你要想参军，我可以做介绍人。”于是在一天夜里，魏校长领我到了一个偏僻村落，见到了我的第一位上级——高凤林同志。高凤林问我：“你参军是自愿的吗？”我说：“是。”他说：“抗战很艰苦，而且要作牺牲的准备，你怕不怕？”我擦着眼泪说：“我宁死不当亡国奴。”高凤林拍拍我的肩说：“好。从现在起，你就是抗日战士了。”我问：“什么时候发军装？”高凤林说：“抗日战士不一定都穿军装。咱们的工作是穿便衣的。过两天我给你领布来，请房东大娘按你的身材做一套衣服。”

高凤林是我的领导，更是我的革命导师。他原是乐陵的一名中学生，八路军从山西开来后，班主任带领他们全班都参加了革命。交通站几个点分散在不同村子，我只和高凤林在一起。有时他一人出去执行任务，就把我安排在堡垒户家。堡垒户是个外来铁匠，姓张。日军来“扫荡”，他就叫我在院里给他拉风箱，他烧火打农具。日军进来搜查，他说我是他儿子。我和高凤林一起行动时，在交通壕里他边走边对我进行教育：讲共产党的政治理论，讲革命人生观，讲抗战形势，讲革命纪律和工作方法。不仅言传而且身教。有时走到敌人据点附近，他让我趴在交通壕里，自己却站起来高喊：“伪军弟兄们，你们听着。中国抗战已经取得了很大胜利，鬼子在太平洋也吃了败仗，他们的日子不长了，赶紧立功赎罪还来得及。谁干过好事，谁是铁杆汉奸，我们都记上了黑红点，这笔账是要清算的……”

敌人在炮楼上朝我们打出照明弹，开起枪来。他把腰一躬拉起我就跑。这

小交通员

样经历过几次，我胆子大了。

开始我只跟他到不同的点上布置工作，到据点、村子与线人接头，他跟人谈话，我爬上屋顶或草垛上放哨。后来他就派我单独执行任务了。反“扫荡”中，我们有人负伤需要药品。当时伪区长是我们村的本家。高凤林问我认不认识他。我说：“认识，按辈分我叫他三爷。”他说：“派你进据点给他送封信，敢去不？”我说：“敢。”高凤林叫我回家换上天津的学生服，装作到据点去看他，把信交给他，顺便观察一下情况。我按他的指示去了据点，找到伪区长住的屋。当时那位三爷正躺在炕上抽大烟呢，一见我来，爱搭不理地指指炕头，说：“坐下吧。你怎么来了？是不是家里没粮食吃了？”我说：“不是。来看我姑，我爹叫顺便看看你。”他叫勤务兵给我去倒茶。趁着屋里没有人，我掏出信来塞给他说：“还有人托我给你带封信。”

他朝信看一眼，马上睁大了眼睛，摆摆手对送茶来的勤务兵说：“到门口放哨，有人来报告一声。”勤务兵出了门，他才仔细看信，看完坐了起来，用手比了个“八”字，小声说：“爷们儿，你啥时干上这个了？”我说：“我啥也没干，人家叫我送这信，我敢不送吗？”他笑笑说：“好。你干啥不干啥我不问，在那边你就多给三爷美言几句吧。我不是铁杆汉奸。这件事我尽快去做。万一有没做到的，别怪罪我就是了。”我说：“那我就走了。”他说：“你轻易不来，吃个晚饭，住一宿，明天走。叫这边的人认识你，以后再进来就方便了。以后你常来吧，我也许有话叫你往那边带呢。”我正想观察一下据点内部情况，就答应留下来。

天一亮我就跑了回去，向高凤林报告了和伪区长联络的情况，他表扬我干得不错。

1945 年，日本投降后，部队送我去学校学了几个月文化，然后调到新四军文工团，从此，我走进了文艺队伍。

（本文选自《解放军报》）

十四岁成了情报员

口述/海　笑　整理/李大伟　梅世雄

身高不足一米五的我成为一名向姐姐单线负责的小情报员

1942年，我的家乡南通被日军占领。我那时才十四岁，是个初中生，个子不高。我整天想着参加新四军，把日军赶出中国。可是，驻守在杨家园的新四军嫌我小，不肯收我。我非常失望，一直盼着有机会参加革命队伍。

当时，我的姐姐杨洁早已参军，在南通市金沙区做民运工作和情报工作。我一次次把自己参军的心愿告诉姐姐。

一天夜里，我正熟睡着，姐姐突然把我叫醒，严肃认真地对我说："弟弟，现在有一个不穿军装，不拿枪，不拿刀的革命任务，但同样是新四军的一个小战士。这事，你愿意不愿意去做？"

我兴奋地从床上跳起来，连说"愿意"。姐姐轻声说："区委的意见，让你做一个秘密的小情报员，因为你天真活泼，完全是个小孩子样，你定能出其不意地获得一般人难以获取的情报……"

从此，身高不足一米五的我成为一名向姐姐单线负责的小情报员。我这个小新四军，吃家里的饭，拿家里的钱，没有一分钱"工资"，完全是义务的。

一般情况下，姐姐每十天回来一次，我就把以学生的身份为掩护到附近打听到的日伪军的人数、装备，日军队长和翻译长什么样，他们下乡干了些什么，地方上哪些人当了汉奸等情况一五一十地告诉姐姐，为新四军的行动提供了很好的情报。

情急之下躲入一户正办丧事的人家

一天，我去六里路外的小姨娘家，也想顺便打听一些消息。在姨娘家，我了解到村里有一个人投敌做了汉奸。我问清这人的姓名、年龄、模样，偷偷地记在一张纸上。然后，我揣上这张纸往回赶，准备告诉姐姐。

当我走到鬼头街，正想转弯由北再向南走时，忽然看见一百米开外走来一队举着膏药旗（即日本的太阳旗）、枪上

抗日战争时的小兵海笑

插着刺刀的日军。因为我身上藏着那张纸条，怕被搜出来暴露秘密，吓得心怦怦乱跳，忘记了折进小店。

面对这种情况，我当时不够沉着又缺乏经验，掉转身就快步疾走。日军发现了，立即叫喊着追赶过来。我赶忙钻进玉米田里，把那纸条埋在地里，做一个记号后，拔脚便奔跑向前，碰见一户正办丧事的人家，便一头扎了进去求助。

这户人家都在哭哭啼啼，忽见我闯了进来，知道情况紧急。一位大妈立即找来一件白色的孝袍让我穿上，又给我戴上一顶白帽，穿上孝鞋，叫我跪在灵堂前磕头、烧香、燃纸钱，嘱咐我说是她的小儿子，同时嘱咐家人一番。

刚刚安排妥当，四个日本兵就搜索过来了。日军四处寻找，连躺在停尸板上的死人也不放过。这时一家人都在放声大哭，我也早已镇静下来，跟着大家哭得死去活来，眼泪鼻涕一大把。日军没有看出半点破绽，只好灰溜溜地离开。那名汉奸最终被新四军锄奸队员除掉了。

这次经验教训，使我懂得情报要强记，尽量不要携带嫌疑物品；即使遇到突发事故，也一定要沉着应对。

叛徒拦住我，把我交到宪兵司令部

1943年秋，金沙区里出了一个叛徒。当时，新四军与日军有一个遭遇战，一个排长被俘到日军的据点里。后来听说这人叛变了，姐姐决定让我去了解情况。我到日军据点去，了解到这排长果真叛变了，第二天一早赶紧往回走。

走到东边一个哨所，被叛徒发现。这个叛徒知道我的姐姐是新四军，但不知道我已经是小情报员了。叛徒拦住我，说："不要走，跟我去吃饭。"我不得不跟着走。这个叛徒准备把我送给日军邀功。我不太害怕，因为我知道我的身份还没有暴露。

在日军的宪兵司令部，叛徒告诉日军："这个小孩的姐姐是新四军。"日军看见我是小孩，不太重视，对我说："赶快回去叫姐姐自首，姐姐不来，下次捉住，要死啦死啦的。"就在被审讯时，我还发现一个情报——一个木笼里有四五位女新四军。于是，我假装答应日军，点点头说："我知道了。"

毕竟是小孩子，日军最后把我放出来了。这次危险之后，区里研究决定，我不能再做情报员了。从这以后，我就告别了小情报员的生活。

（本文选自《北京青年报》）

当年抗战儿童团的故事

文/谭 璐 张 虹

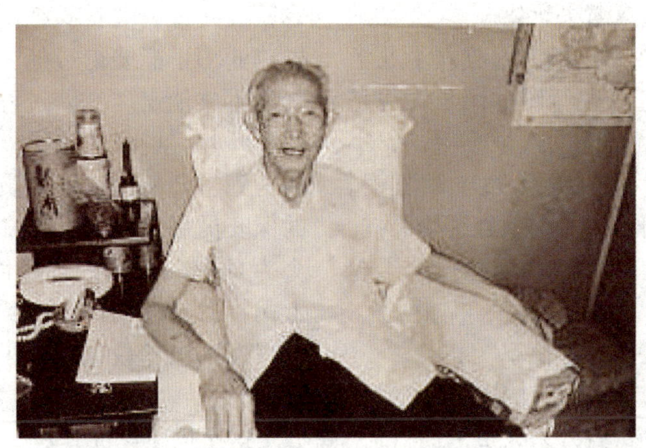

当年的儿童团团长杨建业

杨建业，1923年4月出生，全面抗战开始后一直担任村里的儿童团团长。1941年，转入区政府开始革命工作，担任中心学校校长，五台县第十区民教助理员、副区长等职。1948年入伍，担任西北野战军第六纵队宣传部助理员、第六军组织部纪委工作人员、西北航空第二预备学校大队政委、书记等职。1983年离休。

抗战全面爆发后，华北广大农村地区活跃着一群天不怕地不怕，更不怕日军的孩子，他们凭着自己的聪明才智勇敢地和敌人做斗争。这样一些独立的没有纳入八路军编制的儿童团，在如火如荼的抗日烽火中发挥了独特的、大人们无法替代的作用。

小毛孩干起了革命

1937年8月底，八路军从陕西韩城灵芝东渡黄河到达山西。9月份，八路军总部设在山西省五台县南茹村之后，八路军的身影就不时出现在各个村落，他们走访慰问当地老百姓，关切询问群众的生活情况，借以扩大我军影响。由于当时山西境内的情况比较复杂，多种势力混合、交错在一起，老百姓从心底里非常惧怕扛枪杆子的人。

一天，在五台县的神头村突然来了几个头戴斗笠、打着绑腿、扛着长枪的人。这几个人与以往扛枪杆子的人似乎大不一样，他们一见到老百姓就嘘寒问暖，像对待自己的亲人一样，非常关心群众的疾苦。后来人们才弄清，这是共产党领导的八路军，是到抗日前线打日军的。由于年少无知加上太淘气，当时年仅十四岁的杨建业还顽皮地悄悄拿走八路军的枪支，拿着去玩耍。

次年，八路军在神头村成立了儿童团，杨建业担任了儿童团的团长。说是儿童团，其实就是十七八个小毛孩，小的只有七八岁，大的也不过十四五岁。不过，杨建业可认真了，他红缨枪一扛，每次都走在队伍的最前头，正式地干起了革命。

抓住个“皇协军”

成立之初，儿童团的主要任务就是在村口站岗放哨，查外来人员的通行证。可别小看了这帮孩子，虽然年龄都不大，但是“威力”却不容忽视。他们的工作很有章法，每天都有两个团员在村口站岗，主要查那些非本村的人进入村子是否有通行证，如果觉得哪个人可疑，就将其押送到村公所去审问。遇到有人不配合甚至反抗，团员们就会蜂拥而上，抓胳膊抱腿，将其制服并押送到村公所接受保安员的问讯处理。

一次，杨建业和一个团员执行站岗任务时，发现一个穿着朴素但形迹可疑的人。杨建业拦住了那人去路：“你是干什么的？到哪儿去？有通行证没有？”那人赔着笑，说：“我就在邻村住着，来这儿走个亲戚，我有通行证呢，让我过去吧。”杨建业一脸严肃地说：“笑什么笑？让你把通行证拿出来，听到没有？”那人又笑着说：“好好好，我拿，我拿还不行，这群孩子怎么这么认真啊！”说完煞有介事地在身上东摸摸西找找，弄了半天什么都没拿出来，只好结结巴巴地对杨建业说：“呀！真不好意思，忘带了，你就放我过去吧！我绝不是什么坏人。”杨建业哪里能饶得过他，没通行证说什么也不放他走。交涉过程中，那人说话吞吞吐吐。杨建业当机立断，和同伴将他送到村公所交给保安员处理。村公所的保安员一番审问后得知，那人原来是个为日本人办事的“皇协军”，这次受上司指派专门到村上探听八路军的一些情报，不想却栽在一个小小的儿童团长手里。

这次杨建业也算是立了个不小的功，

儿童团在路口盘查行人

村公所的领导对他大加赞扬。组织上还特意奖励给杨建业和他的同伴每人两支石笔。得到褒奖后的杨建业对儿童团的工作更加用心了，而组织上也开始将更重要的任务交给儿童团去执行。

智取鸡毛信

相较而言，日军对小孩子的戒备心不强，也不太注意他们的行踪。八路军抓住敌人的这一弱点，开始了新的计划。儿童团的工作范围更广了，肩负的责任也更大了。当时山西分为巩固区、游击区和敌占区。八路军将自己的“内线”设在敌占区里，杨建业所在的五台县县城就是一个敌占区。一次，杨建业和同村的梁双林接到任务：去县城的宪兵队找梁双林的一个远房亲戚取点“东西”。在县城，日军设的一个关卡挡住了他俩的去路，一个日本兵端着刺刀凶神恶煞地吼道：“你们两个小鬼，什么的干活？”杨建业手里抱着猫不慌不忙地答道：“皇军大大的好，我们兄弟俩进城看我姨来了，皇军就让我们过去吧。”那个日本兵上下打量了他们一番，很不耐烦地挥挥手说：“快滚，快滚！”两人便一溜烟地跑了。

一路上，杨建业抱着猫，梁双林拿着陀螺，两人玩玩耍耍地来到宪兵队门口，被站岗的日本兵再一次挡住了去路。这时候，从宪兵队里面走出一个二十多岁，身穿和服的日本女人，她看见杨建业手里抱着的猫特别可爱，就跑过来逗那只猫，还好奇地将梁双林手里的陀螺拿过来玩。杨建业灵机一动，乘机对那个日本女人说：“太太，您大大的好人，让皇军通融通融的，我们的进去，看一下在炊事班干事的叔叔，一会儿就出来，不会惹什么事情的！”看着杨建业一脸诚恳的样子，那个日本女人走到站岗的日本兵面前，不知道叽里呱啦说了几句什么，只见那日本兵一个劲地点头：“嗨！”最后，那日本兵竟毕恭毕敬地将杨建业和梁双林放了进去。找到梁双林的亲戚，那亲戚将他俩带到一个僻静的角落，小心翼翼地从身上掏出一封信，只见信封上插了一根小小的鸡毛，杨建业知道这是一封十分重要又十分火急的“鸡毛信”，赶紧藏在内衣上特制的口袋里，一路小跑回到村里，将鸡毛信交给领导。

那封鸡毛信起的作用在几天后的一场战斗中得到了印证。1938 年 10 月底，日军一〇九师团一三五联队的五百多兵力，从五台县出发到巩固区的高洪村“扫荡”，返城时要经过石沟村。由于此地地势险要，两边都是悬崖峭壁，对我军打伏击战非常有利。八路军一二师三五八旅七一六团和七一七团提前一个星期就在此设下埋伏，等待敌人的到来。杨建业带领儿童团的其他成员在几里外的地方，阻止外来人员进入石沟村，怕走漏风声。儿童团员们一看有人来了，就谎称石沟村在修路，让他们绕道而行。这样一直持续了一个星期。11 月 3 日清晨，气焰嚣张的日军开始进入我军的埋伏区，狡猾的日军将“皇协军”安排在队伍的前面和后面，自己走在中间。等到五百多人的队伍全部进入八路军的埋伏区后，随着指挥员的一声令下，战斗打响了，八路军的轻重武器一齐开火，一下子就把日军打蒙了。此次战斗持续了一个多小时，歼灭日军三百多人。

虎口中救出八路军侦察员

八路军的行动也有受挫的时候。1939 年的春天，八路军一一五师

六七九团的两个侦察员进入五台县县城探听日军情报时，被抓到维持会关押、审问。如果不及时将两人救出，等到被送到宪兵队，后果将不堪设想。于是，八路军连夜组织相关人员开会，商讨营救方案。

由于敌占区关卡林立，看守严密，进出县城非常困难，六七九团的首长将此重任再一次交给儿童团去完成。接到任务的杨建业这次与一个只有八九岁、名叫顺喜的团员搭档。一大早，两人便从神头村出发往五台县县城赶。由于日军在城门口设的关卡到下午五点后就不允许进出，下午四点多的时候，顺喜便拎着东西往进城的方向走，杨建业则待在城门外的不远处，盯着城门口的一举一动，伺机配合。

顺喜拎着一大堆土豆、小米、胡萝卜往城里走，刚到门口就被看守的日本兵挡住了去路。日本兵厉声问道："什么的干活？通行证的有？"顺喜唯唯诺诺地回答道："我的进城到舅妈家去找我妈，通行证的没有。"那日本兵极不耐烦地吼起来："你的小孩，没有通行证的不行！"说完，将顺喜带的那大包东西全给踢翻了。顺喜哇的一声哭了起来，边捡东西边嘟囔着要去找妈妈。这时候，一群日本兵刚好从城外回来，灵机一动的顺喜赶紧收拾完东西，乘机从那群日本兵身边蹿了进去，直奔他舅妈家。到了舅妈家，顺喜上气不接下气地将组织上交给的任务说了一遍，将藏在掏空心的胡萝卜里的两封信取出来，一封给舅妈，一封给表哥，希望他们能尽力将两个侦察员从维持会中救出。因为顺喜的表哥在维持会做日军翻译，认识里边的很多人，好说话。顺喜的表哥拜托了一帮子人，第二天终于将两个侦察员从维持会中偷偷救出，悄悄送出城外。

“除奸反特”中大显身手

为了最大限度地孤立打击日军，八路军总部提出了“除奸反特”，其中一项任务就是削弱伪军——“皇协军”的力量。

八路军根据名单召集所有的儿童团成员，将“皇协军”的住址一一告知。儿童团团员们拿着“皇协军”各家住址，分头开始行动。杨建业和同村的一个孩子假扮兄弟，以到邻村的姥姥家去为由，给邻村那些为日本人干事情的“皇协军”家里捎信，并简单分析其中的利害关系。如遇上有家人不在的时候，他们便趁人不注意将信从其家门缝里塞进去，或是直接从外面扔到人家院子里。

“皇协军”里一般有两种情况，一种是迫于生计才当“皇协军”；还有一种是死心塌地替日本人卖命的，他们残害同胞，老百姓对他们恨之入骨。离杨建业所在的神头村二十多里地的古城村，村民们抓到一个做尽坏事、令大家非常痛恨的“皇协军”，一气之下将其活活打死。得到这一消息后，本就在这一带做宣传“除奸反特”工作的八路军，根据此事写成《致“皇协军”的一封公开信》，让儿童团的团员们按照“皇协军”家的住址一一派送。此次活动展开后，收效很好，“皇协军”的人数大大减少了，弄得日军十分气恼，一时竟搞不清是怎么回事。

夜袭阳明堡机场有他们的功劳

1940年8月，百团大战开始，附近几个村的儿童团和民兵连为配合八路军的工作联合起来，在敌人的碉堡不远处破坏电线、公路、桥梁等。

在代县西南的阳明堡有一个日军的飞机场。白天，日军飞机轮番去轰炸太原、忻口，晚上飞机都停放在此处。为了掌握可靠消息，村公所让儿童团探听敌人飞机场的情报。为不引起敌人注意，杨建业带领一帮团员拿着高粱秆子，一路打打闹闹来到阳明堡，装出看新奇的模样，钻过日军铁丝网，溜进飞机场。经过仔细观察，杨建业和儿童团团员们发现在此机场停放的飞机有二十多架，而驻扎在此的只有飞行员和少量警卫部队。为了得到更确切的情报，八路军一二九师七六九团到达离此地不远的苏龙口村后，团长陈锡联率几个营长亲自进行实地侦察，最后组织部队夜袭阳明堡机场，毁伤日军飞机二十四架，歼灭日军一百余人。

（本文选自《西安晚报》）

东北抗联一路军“少年营”传奇

文 / 吕勋福

在东北抗联第一军的部队中，有一支由青少年组成的“少年营”。他们在抗击日本侵略者时同英勇的抗联战士一样，抛头颅、洒鲜血，在极其艰难的条件下，为消灭侵略者而顽强战斗，在抗日斗争史上留下浓重的一笔。

少年营，源自中共党史上那个鲜为人知的“少共国际师”（全称“少年共产国际师”）。少共国际师又译“青年共产国际”，是二十世纪国际共运史上一个重要的国际联合组织。它是根据列宁的倡议，于1919年11月在德国柏林秘密成立，归第三国际领导。起初这个国际联合组织只有十四个国家的代表参加。二十世纪三十年代进入兴盛发展阶段，在苏联、法国、德国、捷克、匈牙利等五十六个国家都建立了支部。其主要任务是以马克思列宁主义教育和团结广大青年，为反对帝国主义发动新战争、改善资本主义国家青年的劳动条件、实现无产阶级专政和社会主义而斗争。中国共产主义青年团成立后，也加入其中，中国共青团中央（第三国际的通行称呼是“中国少共局”）在红军中倡导组建了少共国际师中国支部。与第三国际其他国家的青年团组织只参加后勤、安保等工作不同，少共国际师中国支部是成建制地加入作战序列的主力部队。

少共国际师中国支部，是1933年8月5日在江西博生成立的红军队伍。这支队伍成立后不久，就于9月3日开赴第五次反“围剿”的前线作战，并在以

后的反“围剿”斗争和红军长征中，表现出了一种年轻人特有的朝气和战斗精神。然而，这支英雄部队存在的时间并不长，两年后就被改编为红一军团第十五师。虽然它在中国革命的斗争史上仅昙花一现，却为以后的中国人民解放军培养和输送了一大批优秀将领和军事指挥员，其中比较著名的有胡耀邦、陈光、萧华、彭绍辉、曹怀里、袁佩爵等人。

在少共国际师中国支部建立的同时，1933年9月，共产国际、中国共青团中央（少共局）和共青团满洲省委联合发布了一份文件，提出在东北人民革命军第一军独立师中创建少共国际师的建议和要求。杨靖宇根据南满抗日战场的实际需求，决定在独立师中设立少共国际师队伍。不过，这支队伍成立后没有用少共国际师命名，而是另起了一个响亮且寓意深刻的名字——抗联少年营。希望这支由青少年组成的队伍能在抗日战场血与火的考验中，成长为一支抗击日本侵略者的铁军。

抗联少年营的组建，从接到文件到正式成立只用了一个多月的时间就完成了。其间进行了较为严格的军事训练，具有了一定的战斗能力。当时全营的兵力大约为七十人，其中百分之三十是团员，战士的平均年龄在十八岁，个别还有十五六岁的儿童团员。第一任营长为朴浩。朴浩当年刚二十岁出头，是朝鲜劳动党党员，曾被人们称赞为“进步最快、最有发展前途的青年指挥员”。他当少年营营长不到三个月，就调任东北人民革命军第一军独立师一团团长，1935年在辽西的一次战斗中牺牲。接替他职务的是年仅二十岁的陈玉振。第一任政治委员尹文京也是个二十多岁的朝鲜劳动党党员。

当年10月底，东北人民革命军第一军独立师到辉发河一带开辟新游击区。出发前，独立师师长兼政委杨靖宇、参谋长李红光和政治部主任宋铁岩等人专门来到少年营做了报告与动员，并传达了将少年营留在磐石坚持斗争，配合独立师一团牵制敌人，保卫磐石根据地的任务。

少年营取得的第一次战斗的胜利，是桦甸市的里面沟战斗。10月30日，一团和少年营在磐石红石砬山附近遭到了日军的袭击。甩掉敌人后，少年营在伊通县营城子、桦甸市的里面沟与独立师一团击毙日伪军十人，俘虏日伪军十人，缴枪三十八支，牲口二十匹。随后，少年营转进磐北，配合一团参加磐北游击战。

杨靖宇将军

东北抗联少年营

缴枪一支，击毙伪警长一人、伪警察四人。在桦甸的上平岭伏击了伪军贾团发往桦甸的军粮车，缴获军马十四匹，俘敌三名。在攻打伊通县二道沟壮丁团的战斗中，他们缴获长短枪二十支，军马五匹，并把缴获的粮食、衣物都分给当地群众，进行了联合抗日宣传。在西安县（今辽源市）内，他们根据群众举报，抓获一名汉奸，将其交的罚款三百元购买来十支旧枪，并用这些枪支将少年营队伍扩编为两个排的建制。1934 年 7 月以后，一团和少年营利用夏季青纱帐起的大好时机，分成三部分四处游击歼敌。先后取得“清德隆烧锅大捷”“墙缝沟袭击战”“吉林六区战斗”等战斗的胜利。这些战斗打击了敌人的有生力量，迟滞了日伪在磐石实行的“推大沟”（当地人管日军报复杀人称为“推大沟”）、修建“集团部落”（当地人管日伪军烧房子，强迫老百姓集甲并村称为“集团部落”）的进展速度，巩固和发展了磐石老根据地的武装斗争成果。

12 月 12 日，少年营在磐北独立行动时，抓到了五名汉奸，其中有一人是烟筒山伪自卫团的骨干。此人能说会道，许诺少年营若先把他放回去，他能说服自卫团团长带着枪支、弹药和现金来赎其他四名被俘人员。他的信誓旦旦骗取了年轻的少年营领导们的信任。当少年营如约来到墙缝沟准备进行交换时，被早已埋伏好的四百多个敌人重重包围。突围中，少年营营长陈玉振、政委尹京玉等四人壮烈牺牲，损失枪支七支。李月江临危受命，接任了少年营营长。

1934 年 3 月，东北人民革命军第一军独立师一团的一、三连和少年营共计六十余人，根据中共磐石中心县委和独立师司令部的决定，由临江重返磐石一带，坚持游击战争，担负巩固和保卫根据地的重任。

返回磐石后，他们兵分两路开展游击活动。在平岭伏击战中，少年营配合抗日部队在磐石北部伏击了伪军十四团一部和伪警察队，击毙伪军连副等六人、

1935 年 3 月，东北人民革命军第一军在战斗中得到迅速发展，回归一师的少年营队伍改编成少年连建制。1936 年，在河里会议上，东北人民革命军第一军改编为东北抗联第一军，下辖三个师，其中第一、第二师都建立了少年营，直属师部领导。这支英雄的少年队伍在以后的战斗中不断成长壮大，以敢打敢拼而著名，在军内外甚至日伪军中都小有

名气，是抗联一军能打硬仗的传统部队，其中一师的少年营还是抗联史上著名的西征行动的先头部队。

为了配合关内红军东征抗日，打通抗联与党中央和关内红军的联系，中共南满省委和抗联一军军部在河里会议上决定派当时在兴京、本溪一带活动的第一师实施西征。1936年6月23日，军政治部主任宋铁岩来到一师，在本溪老和尚帽子深山里召开了团以上干部会议，传达军部关于西征的指示，明确西征目的和任务，并进行了具体部署：命令第一师主力部队第三团和少年营从本溪、凤城中间地带突破，插入辽阳，然后越过南满铁路和大辽河，直奔辽西、热河地区；第四团、第六团在侧翼配合行动，以掩护第三团和少年营迅速向西挺进。

7月8日，一师西征失利。之后西征部队分成三部分：由程斌和李敏焕带领的师部和保卫连；由政治部主任李铁秀带领的第三团；由营长王德才带领的少年营。1938年7月，一师师长程斌胁迫部队叛变，一师的少年营也随之解散。

在得知程斌叛变的确切信息后，杨靖宇为使少年营这支英雄部队不因程斌叛变而蒙羞，在1938年8月，辑安县（今集安市）蚂蚁河上游的六道阳岔重新组建了一支少年队伍，名为抗联一路军少年铁血队，直属军部领导。当时有队员五十六人，平均年龄十六岁。这支由军部成立的少年铁血队不仅人数少，而且年龄偏小。为带好这支队伍，杨靖宇将自己的贴身警卫员王传圣派到少年铁血队当指导员，选配司令部潘秘书长的警卫员高玉信担任少年铁血队队长。铁血队下设三个班，一班班长于林（伦）是二军毕团长的警卫员；二班班长是当过二师师长曹国安警卫员的大王；三班班长是本溪县外三堡的儿童团团长郭凤岐。队员中年龄最大的十八岁，年龄最小的只有十四岁。他们中有的是随父母参加抗联的；有的是给日本人修铁路的童工；有的是被抗联部队收留的流浪儿；有的是父母被日军杀害，跑到抗联来为父母报仇的；还有的是财主家的小猪倌儿、小牛倌儿，不堪忍受打骂逃到抗联部队求生存的。虽然这些孩子年龄小，但每个人心里都满怀着对日本侵略者的深仇大恨。杨靖宇把他们看作长白山抗日战场的火种，抗联的未来，因此把他们集中起来学军事、学文化，是把少年铁血队作为抗联一军的军政大学来办的。

抗联一路军的主要领导都是这所学校的教官。杨靖宇、魏拯民、韩仁和、黄海峰、伊俊山、许国有等人时常到少年铁血队上课，给孩子们讲时事政治、军事常识、做人的道理，甚至连军医处长徐哲都来给他们讲战场救护常识。当然，他们更多的是上文化课，读书识字。杨靖宇还亲自带领他们参加了红土崖反击战、临江岔沟突围和蒙江摸火堆等重大战斗，着力培养少年铁血队指战员的战略战术思想，使这些孩子们在战争中学习战争，提升政治素质与军事素质，迅速在战斗里成长起来。他们小小的年纪，却和广大抗联战士一样，驰骋疆场，浴血奋战。在1940年初，也就是杨靖宇将军牺牲前，他们已成为与杨靖宇将军战斗到最后的英雄队伍了，在东北抗联军史上留下了光辉灿烂的一页。

（本文选自中国共产党新闻网）

回忆我的弟弟“小萝卜头”

口述 / 宋振西　整理 / 张家琳

“小萝卜头”雕像

1949年9月6日深夜，我最小的弟弟“小萝卜头”（宋振中）和父亲宋绮云、母亲徐林侠被穷凶极恶的特务集体杀害于重庆歌乐山松林坡。每想起这一切，我似乎听到弟弟“小萝卜头”高喊着：“我没有罪，我要出去……”我似乎看到他那充满仇恨而又痛苦的眼神，总让我心如刀绞。

我们兄弟姐妹共有七人，我排行老三。最小的“小萝卜头”于1940年春出生在西安，小名森森，生前仅留下一张八个月大的照片。我没有见过他，更多的是把小说《红岩》中那幅“小萝卜头”的插图当作他。那个矮小瘦弱却顶着大脑袋，根根肋骨鼓起来像条条隆起的山梁的小孩就是我的小弟弟。你看，他那双早熟的眼睛里含着忧郁和痛苦，更包含对自由和幸福生活的渴望。

我的父亲宋绮云、母亲徐林侠，大革命时期就加入了中国共产党。西安事变前夕，父亲参加草拟张、杨抗日救国八项主张等文件。1941年秋，父母和当时才周岁的“小萝卜头”被国民党特务逮捕，先后被囚禁在重庆白公馆、渣滓洞和贵州息烽集中营。在严酷的监狱中，“小萝卜头”这个没有幸福的童年的孩子，深深地懂得了爱和恨。

重庆地下党创办的《挺进报》在狱中依然出版着，虽然报纸很简单，一张纸条上就写几句话，如“淮海战役辉煌

“小萝卜头”一家人

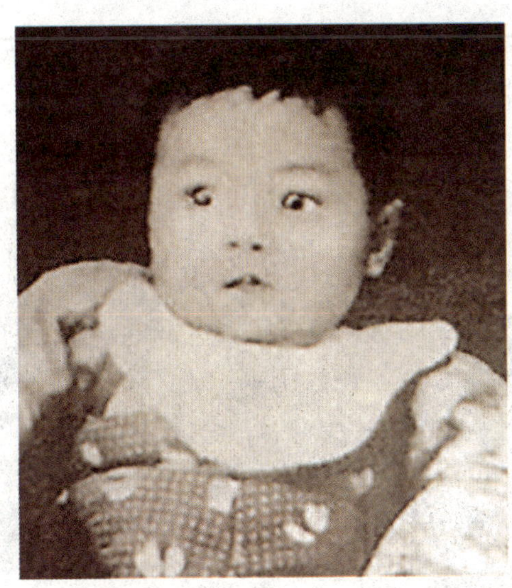

“小萝卜头”生前仅留下一张八个月大时的照片

胜利，歼敌六十余万人”“新华社发表元旦献词《将革命进行到底》”等。原来，被关押的东北军爱国将领黄显声将军有一份报纸，他摘录后交“小萝卜头”送给《挺进报》负责人陈然，再由“小萝卜头”送达各牢房。“小萝卜头”为办好这张报纸作出了巨大贡献。

黄将军还把一个叠得很小的纸块塞进“小萝卜头”袖内暗袋，要他马上送给许晓轩（狱中秘密党支部书记），“小萝卜头”顺利完成了任务。这是一张白公馆监狱的内外地形图，包括白公馆周边地形、岗哨等布防情况，是“疯老头”韩子栋花了两天时间精心画成，准备集体越狱用的。韩子栋越狱前，母亲徐林侠用旧布给他做了件衣服和一个白布口袋，是“小萝卜头”送去的。韩子栋曾给我们姐弟讲，他看到针线缝里有血迹时，眼泪“唰”地就流下来了。

“小萝卜头”自有记忆起，就一直在监狱里，不知道监狱外另有天地。在他的心目中，监狱就是社会。善与恶，好与坏，是用牢房来划分的。牢房外打人的是坏蛋，牢房里被关的是好人。中华人民共和国成立后，曾任中共青海省委统战部部长的胡春甫来信说，1947年，他被抓进白公馆惨遭毒打，在阴暗的铺上整整两天不能动弹。当时七岁的“小萝卜头”从门缝里看见他戴着铁镣躺着，就告诉了妈妈。妈妈把自己做苦工挣下的挂面，下了一大碗，让“小萝卜头”端着送给了他。胡春甫在信中满怀深情地写道：“在我经受酷刑之后，最痛苦、最困难的时候，是‘小萝卜头’给我送来了一碗面条，是这碗面条暖了我的身，也暖了我的心，使我知道在狱中有党组织、有同志在关心、鼓励着我。这给我增加了斗争和战胜敌人的信心！”

上海市嘉定长安墓园内，现安放着一座“小萝卜头”的纪念雕塑。雕塑边，如茵的绿草坪内生长着一株石榴树，它枝繁叶茂，仿佛是一颗颗跳动的心，一腔腔涌流的血，在歌颂光明、自由。灿烂耀眼的石榴花更像是天真可爱的“小萝卜头”在仰面欢笑。每当我看到广大青少年和祭扫人群在“小萝卜头”雕塑前凝神伫立，庄严肃穆的神情让我既难过又欣慰：时间能冲淡记忆，革命英雄的事迹却永不磨灭。

（本文选自《解放日报》）

息烽集中营旧址

回忆我在儿童剧团的日子

——抗日烽火中广州儿童剧团的记忆之一

文/宁　燕

1941年初，南宁光复了。我随着家人又回抵南宁，劫后的南宁一片疮痍满目，境地凄凉。

就在这光复后不久的一天，街上突然出现一群儿童，看上去他们年纪小的才十二三岁，大的也不过十四五岁。他们有些正拿着铁桶、石灰、扫帚洗刷着墙壁上日军留下的标语，重新写上抗日救国的新标语，有些正在街头上唱歌、跳舞。观看的人越来越多，我也怀着十分好奇的心情去看热闹。当时，使我最感新奇、最吸引我的是他们的服装整齐又统一，他们上身穿着统一的黄色衬衣，下身穿着蓝色工人裤，脚上全部穿着草鞋，讲着一口地道的广东话。个个精神饱满，干劲十足。后来才知道他们是广州儿童剧团的，是在广州将要沦陷时，由团长谈星把这群孩子组织起来，成为一支抗日救亡宣传队伍。在南宁的宣传活动中，他们也是以歌咏、舞蹈、话剧等形式来唤醒群众，动员群众起来一致抗日，保家卫国。

随着形势发展，广州儿童剧团的同志们认为单靠艺术表演宣传已不能满足群众需要，必须创办一间新型学校来清除敌人对孩子的奴化教育思想。为了做到家喻户晓，首先公开贴出广告，使广大群众及家长们知道抗战建国实验小学的成立，学校以招收失学儿童为主，不收学费和书籍费，欢迎各家长送子女入学。当这一广告贴出后，一传十、十传百地传遍南宁市居民家中。当时我家的经济早已陷入困境，所以家人便很快带我去报名了。

这间学校没有靠国民党政府的经济支持，只是依靠自己的微小力量来创办，所以显得非常简陋，既没有像正规学校那样有宽敞的校舍和活动场所，又没有完整的教室和书桌椅，而仅仅是一间借来的空房子作校舍。所谓的教室就是在空房子里面分隔开来的小房。同学们来学校上课时，必须自带一张小板凳，再用些砖头把两头砌起，用一块木板横架在砖头上面便是上课用的书桌再把床板涂上黑漆后挂起便是讲台上的黑板。虽然各方面条件如此简陋，但来这所学校就读的儿童非常多。授课的老师全是广州儿童剧团的团员。小先生和小学生融合在一起又唱又跳打成一片，非常热闹和快乐。但上课的铃声一响，同学们便又马上转回教室各就各位了。教我这班的班主任是乔飞小先生，课本全是他们自己编写的。科目有语文、算术、音乐、美术、体育，还有手工劳作和时事课。别看他们年纪小，上起课来却有一套教学本领。如乔飞小先生在教我们语文时，还结合讲许多抗日救国道理和故事，用活生生的例子，去启发我们怎样热爱自己的祖国，看清日军的侵略本性。音乐老师路琪还在学校中组织儿童歌咏队，经常带队去参加南宁市的歌咏比赛。教美术的丁文、杨红小先生也有一套教学本领，还画得一手好图画和美术字。另外，在晚上和暑假期间，学校还组织了读书会，引导我们阅读课外书籍和给我们讲述国际、国内的形势。

广州儿童剧团团徽

正当抗战建国实验小学办得红红火火的时候，国民党竟以没有足够资金、合格的师资和合格课本为理由，强迫该校停办了。家长和同学们知道这一消息后，非常惋惜和痛恨。

学校停办后，剧团的同志们要离开南宁前往梧州，于是便在学校里挑选了四个同学参加到他们的队伍中去，我便是其中之一。当团长谈星告诉我时，我很高兴，并很快将这件事告诉了家人，希望得到她们的同意。可是出乎意料，家长不同意，认为我年纪还小，出外不放心。当我表示要坚决去参加时，她们竟把我锁在房间里，不许我外出。等到第三天，正是广州儿童剧团要离开南宁的最后一天，我急得坐立不安，吃不下饭，想着今天如何能逃得出去。后来，我便对母亲说："我决定不去参加儿童剧团了，只是前些时他们开会借了咱家一把剪刀剪字，现在他们要走了我要去拿回这把剪刀。"母亲听后，以为我已有所转变，便回答道："那你去吧！快去快回啊！"我得了母亲的答允后，犹如脱了缰绳的野马一样，一件衣服都不拿，急急忙忙向江边码头（即现在的邕江桥下）跑去。这时同志们正在船头的岸上等候

着，看见我们四个同学都到齐了，很高兴地和我们一起上了船。当船儿慢慢离开江边码头向梧州方向驶去时，我才放心，松了一大口气，总算大事告成了。

到梧州后，我写了封信回家，后接到家人来信说："你胆生毛了，竟敢离家出走。"我看完信后，若无其事地和谈大哥一笑置之。

在梧州的日子，我就和这些大哥哥、大姐姐一起生活、学习、工作，感到非常愉快。早上自学，中午参加节目排练，有时又和大姐姐们出外去借服装道具。这段时间，我们除了在街头、工厂等演出话剧外，还在梧州北山中山纪念堂作大型演出。开场首先是集体唱《广州儿童剧团团歌》，然后唱《可爱的祖国》《把敌人赶下海》等，有二部和四部合唱，歌唱得整齐且雄壮有力，抗日救国的歌词激动着人心，台下的观众听后，像是投入了抗战的大洪流中去。接着是舞蹈表演，有《儿童舞》《抗敌舞》《海军舞》《工人舞》《抗日升平舞》等，对观众有很大的吸引力，看后有大开眼界之感。话剧有《忠义之家》《中国的怒吼》《松花江之恋》《狮子打东洋》。当观众看到狮子（代表中国人民）把东洋人打翻在地时，不断拍手称快，高呼着："打得好、打得好！"在梧州演出时间长，剧目也比较新鲜，有着很大的吸引力，所以赢得梧州广大群众的热烈支持和拥护，几个工厂还联合起来特制了一副大幕送给我们团作为纪念。

后来演出竟遭到国民党的嫉妒和反对，当我们在梧州市各个街头再贴出海报时，他们便像狗急跳墙般跳出来阻止我们演出，威胁说："如果今后再演出，剧目一定要先经过审查批准，否则一律不准演出。"他们这种做法，就是有意破坏抗日救亡工作，有意打击群众抗日情绪。在他们的高压政策下，我们只得停止演出了。

停止演出对我们团来说，有着极大的威胁，因为我们一贯是依靠演出收入来维持生活的，不能演出生活就陷入困难，我们从每天两顿干饭改为吃稀粥。记得当时我们住在梧州的中山纪念堂楼上，因为吃稀粥，每晚大家都要轮流下楼小便几次，一会儿是你下楼，一会儿又是我下楼，一晚没有睡上一个好觉。许多同志生了胃病和疥疮。我当时得了疥疮，开始是干疥，痒得要命，后来又转成脓疱疥，痛得要命，连十个手指都弯曲不下来，大小便解裤子特别困

1938年11月，在广西柳州市街头表演《放下你的鞭子》。图为小演员在给观众表演武术

当年儿童剧团小演员路琪抄写的油印歌纸

难，这时自己常常偷偷地哭泣。生胃病的同志也痛得辛苦，难受。看医生又没有钱，只好硬顶下来。同志们身体日渐消瘦。在此情况下，团委只好做出决定：“谁愿意离团回家可以回家去，谁愿意投靠亲戚的也可以投亲去。”当时老团员没有一个离团，只有在南宁加入的四个同学中的三个愿意回家去（包括我在内），于是三个同学带着极其沉痛的心情离开了剧团。

上了船后，我的思想突然又展开了激烈的斗争，想着如果回家去，日军没打倒，回家也没有好处，没有出路；又想到在剧团时和大哥哥、大姐姐们在一起，生活是愉快的，大家那种团结、互助互爱的精神确是难得。不回去吗？剧团的生活又那么艰苦。想来想去，最后还是不回家去的思想占了上风。就在这船快要开的时候，我对船上的两个同学说：“我不回家了，我要回团去。”说完后立即离船走上岸跑回团部去。同志们见到我回来，很惊奇，不知为何原因，以为我忘拿了什么东西。后来我告诉大家说：“我不回家了，和同志们继续在一起战斗。”同志们听后，高兴得又是握手，又是拥抱，眼泪都要流出来了。当晚团里开了一个“燕归来”的座谈会。当时我的归来对稳定同志们的思想情绪，鼓舞斗志有着很大的作用，对我也是一种非常大的考验。为此无论生活如何艰苦，我不再动摇了，和同志们一起战斗到底。

剧团离开梧州后，回到广东的肇庆、德庆、都城、沙坪等地继续做宣传、演出，但同样也经常遭受到国民党的迫害。后来生活更加困难了，原来每天吃两餐粥的，现在连两餐粥都吃不上，改为吃红薯，每人每餐仅能分到几两到半斤的红薯。在这种情况下，谈大哥只好把自己唯一值钱的手表卖掉，一些同志也把自己比较值钱的衣物卖掉，但换得来的钱还是不能吃上两餐粥。不久，同志们一个个都病倒了，患胃病的，感冒咳嗽、发烧的，打摆子（疟疾）的。我也得了打摆子，每天都在发冷发热，有时还拖着发热的身体和同志们到肇庆七星岩去躲飞机呢！当警报解除回到住地时，我已全身无力，只能躺在床上痛苦地呻吟了。

后来，我们又来到了鹤山沙坪镇。这时正巧碰到演剧七队也在沙坪镇演出（演剧七队是国民党军事委员会政治部所属机构）。他们看到我们生活如此艰难，便利用合法的地位为我们筹款演出，并和我们联合演出《沙坪之夜》话剧，解决了我们生活的困难。

我们和演剧七队共同生活战斗了一段时间后，他们另有任务离开沙坪了，我们只好单独继续到各乡镇去演出。我们在各乡镇搞得正热烈之时，广东省主席李汉魂来电报召我们回曲江去，要我们在10月10日前到达，作“双十节”汇报演出。10月初，我们回到肇庆后，被西江专员公署派人押回到曲江去，在上窑村住下，却不见通知我们作汇报、演出或安排什么工作。有一天，接到李汉魂的通知，要团长和指导员去开会，说是商量工作和团的经费问题。当天上午团长和指导员便去了，但到晚上一直未见回来，原来他们已因莫须有的罪名被押到曲江基庐监狱关起来了。就在同一天的晚上，我们全体同志去协助演剧七队演出话剧《家》回来后，发现住地周围有一个个黑影闪动着，原来我们也被特务包围了。当我们睡觉时，他们就以“查户口”为名，要我们开门，随后一群拿着短枪的特务强行冲进来进行搜查，把我们的日记本、笔记本、书籍、信件、相片统统带走。从这一天晚上起全体同志便失去了自由。

在失去自由期间，广东省教育厅厅长黄麟书曾来向我们训话，说团长是“奸匪”、共产党员，叫我们不要受骗上当，要我们回家去。我们听了他的话后，义愤填膺，怒目鄙视，还向他进行了反驳，驳得他哑口无言，最后灰溜溜、气冲冲地走了。

为了恢复我们全体同志的人身自由，恢复抗日宣传权利，我们又进行了三天的绝食斗争。他们害怕极了，怕扩大出去影响不好，只得又采用另一种手段，就是在1943年11月26日以广东省政府通知为名，要我们全体到桂林去参加西南剧展，并要马上出发。当天晚上，我们就被几个特务押往火车站。在去火车站的途中，经过曲江孝悌路励群中学时，这群特务把我们连推带拥推进励群中学去。到了大操场，我们放下行李不动了，他们要我们继续向前面的屋子走去，我们全体同志就是一动不动，站立在操场上。这群特务没办法，只好说：“你们的团长、指导员在里面，叫你们进去。”大家齐声回答：“不进去。”我们仍然不动地站着。后来他们又说：“如果不相信，可以先派几个代表进去见你们的团长。”我们答道：“代表我们不派，如果真是团长叫我们进去，先拿出团长的亲笔字条，我们才进去。”这群特务无可奈何，后来只得拿了团长的亲笔字出来给我们看，字条的意思是说：“你们既然来了，暂时住下吧，以后再想办法解决。”就这样我们全体进了曲江基庐监狱。原来这个基庐监狱设在励群中学最深层，是专门用来秘密关押政治犯的。我们进了监狱后仍不能见到团长和指导员，他们被关在另外的监仓里，有武装宪兵层层把守，而我们被关在外面的监房，是在通道的旁边。当特务提审犯人时，必须经过通道，也就是说必须从我们监房旁边走过，所以每当谈大哥戴着手铐脚镣被拉去提审走过我们监房时，我们全体同志总是高声呼唤着“谈大哥！谈大哥”。而他总是给予我们微笑作为回应。当他被施以酷刑，脚步艰难沉重却面带微笑地走过我们监房时，我们为之痛心和难过。我们相信总有一天这些卖国投敌的坏蛋，镇压人民群众的刽子手，会被人民彻底清算。

在狱中，特务对我们这群儿童也进行严酷逼供，但久经锻炼和考验的我们

1941 年 9 月 18 日，剧团成立四周年时在南宁合影（一排正中为谈星）

是无所畏惧的。在得不到任何口供的情况下，他们又在生活上折磨我们，不给我们水喝、洗，拿来的饭总是些有臭霉气的饭，沙子也很多，菜也只是给些豆豉和盐水。

1944 年元旦过后，这群恶魔看到我们不容易对付，于是采用拆散的办法来瓦解我们。有一天，管理员带着几个武装宪兵来到我们监房，叫我和汀肇、许志坚、夏云四个孩子出来跟他们离开监狱。当时我们不肯去，他们就用枪托推打我们，硬迫我们离开。原来他们要把我们送往广东儿童教养院去。这是拆散我们第一批的手法，还有第二批，第三批。广州儿童剧团就这样被他们拆散了。

我和汀肇、许志坚三人后来被亚姑黄惠贞（汀肇母亲）想办法领了出去。回到家后，在亲戚的支持帮助下我重返学校读书。在学校中，我们积极参加各种进步活动，如晚会上演唱《兄妹开荒》、跳秧歌舞、独唱进步歌曲等，还在同学中积极推销《论人民民主专政》《论联合政府》等进步书籍，宣传中国共产党的主张。我没有辜负党和谈大哥，以及同志们对我的教育与培养。

中华人民共和国成立后，我参加了工作，做过群众工作和经济工作。1982 年，我在获知广州儿童剧团同志的消息后，于同年 9 月 18 日赴广州参加剧团成立四十五周年纪念会。阔别了几十年的战友重逢，大家都万分高兴。现在，我们已是白发苍苍的老人了，但回忆过去我们曾为中华人民共和国诞生贡献过一份力量，都感到自豪和无愧。

（本文选自广东人民出版社《回忆广州儿童剧团》）

特殊的舞台

——抗日烽火中广州儿童剧团的记忆之二

文/叶　里

演出，是我们广州儿童剧团进行抗日救亡宣传的主要手段。六年来，我们唱歌、跳舞，演话剧、儿童剧、喜剧、歌舞剧等等，真是多种多样。这里我要说的是世间少有的特殊的演出——在被五花大绑、铐着手铐、持枪大兵押解下的演出；在国民党集中营里大唱革命歌曲，演出歌颂共产党解放区的歌舞剧。

我们剧团成员是1943年11月26日集体被捕的，被关进了国民党政治监狱基庐。在狱中，我们在团长领导下，机智、英勇、顽强地进行了绝食等斗争。过了一段时间，特务们施展另一阴谋，强行拆散剧团。他们先是把最小的孩子抓走了，说是送到保育院读书。1944年2月初的一天，刚刚吃过早饭，监狱的二门忽然架起了机枪，然后来了一大帮特务，点名要我、丁文、路琪、谭明、殷虹、方凌出来，说是要送去湖南读书。我们抱着房柱，不愿离去。但是我们这些十几岁的孩子，哪里经得起特务们用枪托打和强拉硬扯。于是我提出要见团长一面。大家也都高喊着："不见团长一面，我们就是不走！"特务们没有办法，就带我们进到里面监仓去见了谈大哥。谈大哥对我们千叮咛，万嘱咐，还说了两句意味深长的话："落红不是无情物，化作春泥更护花。"当时我们年纪小，对这两句话不能完全理解，但结合谈大哥所说，我们记住了，在任何情况下都要坚持抗日救亡宣传。我们是在特务们强拉硬扯的情况下，哭着喊着离开了我们敬爱的谈大哥。

对我们这六个手无寸铁的孩子，特务们竟如临大敌，把我们一个个五花大绑，还用手铐把两人铐在一起，由持枪大兵们押解着上路了。没走多远，就经过人群拥挤的菜市场，人们惊奇地看着我们。我看到一位老爷爷摇头叹息说："这几个还是孩子呀！怎么能这样绑？"又看到一些妇女流露出同情的目光。我想，这不正是进行宣传的好时机吗？就在这时，谭明开腔了："我们是抗日的广州儿童剧团的。"带队的特务急了，高声呵斥着："不许说话，快走快走！"这时路琪推了一下谭明，又转头示意殷虹和方凌唱救国军歌，随即领唱："枪口对外，齐步向前，不打老百姓，不打中国人……维护中华民族，永做自由人！"我们男声也跟着唱了起来。有些路人鼓起掌来，有一些娃娃跟着唱起来。特务们紧张了，横着枪，一边轰赶人群，一边推着我们快走。这时，下起了蒙蒙细雨，雨中，我们到了韶关县公安局拘留所。路琪提醒大家，赶快拍去衣服上的雨水，让它快点干，不然要感冒的。我拿出一块干布，使劲擦着湿淋淋的头发，并且轻声和同志们交谈刚才与韶关市民思想感情沟通的一幕。我说，他们不是要封锁消息吗？刚才就像演了一场真实的话剧。人们会一传十、十传百地传开这一新闻："政府抓了广州儿童剧团的孩子。"大家也都高兴地议论开来，胜利的心情十分明朗。

1944年3月的一天，我们六个人经过一个县一个县的监狱、拘留所的辗转押送，终于从广东曲江到达了目的地——坐落在湖南衡阳冷水滩的"战时青年训导团衡阳分团"。

所谓"训导团"，实质上是关押爱国进步人士的集中营。我们到来之前，这里已关押了三四百人。我们逐步了解到，他们大都是从湘、粤、桂三省抓来的政治犯，也有被俘的新四军战士。有思想进步的学校教员、政府部门的职员，多数是知识界、文化界人士。

集中营实行法西斯式的严格的军事管训，压制和削弱政治犯的反抗精神和斗争意志。天蒙蒙亮，就要听号声去操场跑十二圈；风雨之夜紧急集合，疲劳了一天的人们又要爬起来跑上十几圈，弄得人们精神极度紧张。被难友们称为"恶狼"的易教官，常常故意找碴，动辄对难友无端训斥，拳打脚踢。瘦弱的丁文，就曾挨过他的拳头。集中营还强迫政治犯从事各种苦役，摧残政治犯的身心。此外，集中营还要控制政治犯的思想，逼大家在政治上表态，从而进行政治诱降。每天上午8点上感化教育课，讲三民主义和共产主义，说后者不适合中国国情等，企图叫人们放弃共产主义信仰。我们六人早已商量好，对此不表态，以听不懂为借口不回答问题，要交作业就照书抄。我们六个人经常交换情况，对特务及训导团其他人小心谨慎，不乱说话。对班里分配的劳动任务，则积极参加。在劳动中，可以与个别难友交往，相互了解。

一次去兵站背米，走在前面的路琪、谭明唱起了《军民进行曲》："嗨哟嗨，我们军民要合作，你在前面打，我在后面帮。"我和丁文立即用男声和唱："挖战壕，送子弹，抬伤兵，送茶饭。我们流的是血和汗，不把鬼子赶出中国心不甘。"难友们对我们发出会心的微笑，

有的竟喊了起来："唱得好，再来一个。"并边走，边鼓掌，催促我们再唱。在这次背米的路途中，我们又唱了《在太行山上》等多首抗日歌曲，每次都博得难友们的热烈鼓掌。有的说，好久没有听到这么好的歌声了。集中营中出现了难得的欢乐。背米本是一项沉重的劳动，近三十华里的丘陵山间小路，即使空手走一趟，也会十分疲劳，何况回程还要背上四十斤米。就算我们人小，每人也要背三十斤。听着歌声，欢笑着，就显得轻松多了，压抑紧张的心情也得到了放松。

回来以后，我们六个人碰了一次头，认为今天唱歌的效果挺好。集中营的头头们不敢公开禁止唱抗日救亡歌曲，我们就可以利用一切机会唱下去，还明确了我们六个人就是剧团的一个战斗小组，要在集中营里坚持抗日救亡文艺宣传。开始有的难友我们并不熟悉，但在走廊上碰面时，总以哼一段抗战歌曲打招呼，我们也以歌声答谢他，以歌词沟通思想，相互鼓励，增进了解。从此，我们就随时随地找机会放声高唱。有次我在菜园的劳动本是拔草，我就唱："手握锄头锄野草，锄去野草好长苗呀嗨起呵起，锄去野草好长苗呀呀嗨。"我们唱，难友们也唱。一天劳动休息时，一个高个的男学员直起腰来唱《生死已到最后关头》："向前进，别后退，生死已到最后关头。"我们马上跟着唱："亡国的条件，我们一条也不能接受；中国的领土，一寸也不能失守。"后来了解到，他就是被俘的新四军指导员孙锋。从此，集中营里从工地上、菜园里、操场的角落、树荫下、宿舍里、浴室里，不时传来南腔北调的抗战歌声，给集中营原有的窒息、阴沉的政治气氛，带来了阵阵清爽的春风，使难友们受到鼓舞，我们也结交了新的朋友。

1944年4月的一天，训导团的中队长易卓之和颜悦色地来找我们。这个易中队长，难友们给他起的外号是"大草包"。他一向凶神恶煞，从不把难友当人看，今天怎么变成了这副脸孔，他要泼什么坏水？我们提高了警惕。"大草包"说："还有一个月就是训导团成立两周年，上面说要庆祝一下，我给你们找个剧本排演怎么样？"谭明、路琪齐声说："时间太仓促了吧！"我说："这儿布幕、道具、戏台，要什么没什么，排演什么？""大草包"迟疑了一下，还是说要给我们找个剧本，然后走了。他一走，我们六个人赶紧商量对策。大家都说："咱们绝不能为国民党张目，丧失革命立场。"我想到谈星团长在肇庆时曾婉拒过县党部提供的一个国防话剧，是歌颂汉奸的所谓曲线救国的。"大草包"会不会也是让我们演这个戏？果然不出所料，他拿来的正是这部国防话剧。于是大家你一言，我一语，提出许多技术上的困难，无法排演，使外行的"大草包"也觉得是排演不了。当他正为节目落实不了而着急时，我主动进攻说："易队长，如果一定要我们出个节目，我们可以在短期内排演歌舞剧，但有三个条件：一是我们人手不够，要从学员中选几个；二是时间紧迫，演员、工作人员这段时间不参加听课和劳动；三是找会使用乐器的，组成一小乐队。""大草包"一听有节目就乐了，痛痛快快地答应了我们的条件。于是，我们选择了一些思想进步、有音乐基础的难友。在难友们的大力支持下，开始了紧张的排练。

这是当年广州儿童剧团的诞生地及团部旧址

我们选择的歌舞剧是《生产三部曲》(《二月里来》《垦春泥》《收获》)，是歌颂解放区农民翻身做主人，军民合作支援前线打胜仗，以及武装保卫秋收的故事。我们改动了一些太明显的字眼，如“解放区”等。服装也注意，女演员头顶花毛巾，男演员用白毛巾扭成麻花状盘在头上，力求像当地湘西男女农民的打扮，而不是像原来扮成陕北边区小伙子打的英雄结。我们几个人开始默记《生产三部曲》的歌词和曲，然后分头抄写，等到人手一份，路琪就开始教大家唱起来了，吹口琴、拉胡琴的难友也加紧练习。当大家背熟全部歌曲后，我开始教舞蹈的分解动作和基本动作，然后是基本动作的舞姿标准，熟练以后配乐。由于大家都很热心、认真，合作得很好，排演进度快速、顺利。

演出十分成功，伴奏与演员唱跳十分和谐，音乐优美，军民团结抗日的热情表现得淋漓尽致。演出结束后，我看到台下观众掌声如雷，经久不息，这里有我们的难友和附近的老乡。我还看到坐在前排的集中营的大小官员也热烈鼓掌。事后得知难友们鼓掌，是赞扬我们的机智和勇敢，居然在国民党的集中营上演歌颂共产党解放区的歌舞剧。集中营大小官员的鼓掌，只能说明他们的无知和可笑。

在后台卸妆的时候，我对谭明说：“今天的演出，获得了意外的成功。”谭明说：“团结抗日是人心所向，我们反映了人民大众的心愿，怎么能不成功呢！”路琪、殷虹、方凌、丁文也都十分高兴，都说今天唱得真是痛快。我又悄悄对剧团几个同志说：“训导团天天感化我们，现在到底是谁感化了谁，不是很明显吗？”此时，我的心已飞向基庐监狱，我真想向谈大哥、向战友们汇报，我们这次在特殊的地点，面对特殊的观众，进行了特殊的演出，获得特殊的成功。

1944 年 9 月，湘桂大撤退时，我们六人趁着混乱，在集中营转移途中，和部分难友相约向广西桂柳方向逃去，最终逃出了虎口，并先后找到了地下党。

（本文选自广东人民出版社《回忆广州儿童剧团》

童年的歌声

——抗日烽火中广州儿童剧团的记忆之三

文/乔　飞

1982年9月，在珠江河畔六榕塔下，响彻着一首战歌："我们是珠江的儿女，我们是民族的战号，六年来艰苦的奋斗，动员了千百万抗敌的手……"这雄壮有力，热情亲切的歌声是我们原广州儿童剧团二十多位同志在纪念广州儿童剧团成立四十五周年时演唱的。四十多年前我们都是十多岁的孩子，今天大家都已是饱经风霜，白发苍苍，年近花甲的老人了。每当我们相聚一起唱着团歌，歌声就把我们带回到波澜壮阔的抗日救亡艰苦斗争的岁月里。歌声也告诉我们，是党把我们从敌人铁蹄下抢救出来，组织起来走向抗日的征途，奔向革命的洪流。当时我们都是小娃娃，在团长谈星（中国共产党党员）的率领下，用我们幼嫩的歌喉，高唱抗日救亡的歌曲，去动员广大群众参加抗日。为了更好地掌握宣传武器，在演剧队老大哥们的帮助下，我们刻苦学习唱歌的本领，学发声，学指挥。在桂林、柳州等地，革命歌咏运动的老前辈章枚、孙慎、联抗等同志，经常给我们讲授音乐常识，教我们唱《救国军歌》《太行山上》《延安颂》《义勇军进行曲》等歌曲，不但使我们在歌唱技巧上提高了一大步，更重要的是我们懂得了革命的道理，坚定了跟共产党走坚持抗日道路的信心。

在艰苦斗争中，同志们一直渴望有一首我们的团歌来鼓舞斗志。有一天团长谈星兴致勃勃地拿着新写好的团歌回来时，同志们立即拥上去争着拿来唱，晚饭也顾不上去吃。从下午5时一直到8时，直到学会为止。当时兴奋而又激动的心情，真是笔墨难以形容。

有一次在桂南前线，我们团从武鸣县步行到上林县为抗日战士们巡回演出，中途部分同志迷路了，天也快黑了，个别年纪小的同志脚都起了泡，还是坚持一步一步地寻找目的地。而我们先走的同志发觉有部分同志迷路，就冒着黑夜去找。满山遍野黑茫茫怎样去找啊！后来我们终于想出了好的办法，放声唱起团歌来，让迷了路的同志听到歌声后向我们这边走来。我们一面走，一面唱呀，唱呀！翻过两个小山坡，突然听到山下也传来团歌声，原来迷了路的同志也在唱着团歌一步一步艰难地往山坡上走来。当我们会合时激动得话也说不出来，一面流泪，一面使劲地唱着团歌，让嘹亮雄壮的歌声在桂南前线万山丛中回荡。当时的情景是多么动人啊！

1943年底，广州儿童剧团全体同志在广东曲江遭国民党迫害被捕后，在团务委员会领导下团结战斗。在和敌人的斗争中，同志们一次又一次唱起了团歌，互相鼓励，跟国民党进行了英勇不屈的斗争。虽然全团同志均被刑讯，但没有一个同志在敌人面前屈服。

每当唱起团歌，我们都深深怀念起我们敬爱的谈大哥。他革命意志是那么坚定不移，在敌人酷刑面前坚贞不屈。他短短的一生都在为培育中华人民共和国的儿童战斗不懈。由于受到国民党严酷的折磨和摧残，1946年，谈大哥不幸在香港病逝。他去世之前，还念念不忘我们，念念不忘要重建广州儿童剧团。至于这首雄壮有力的团歌是谁谱曲，直到现在我们都回忆不起来。

（本文选自广东人民出版社《回忆广州儿童剧团》）

抗日儿童团的对敌斗争故事

文 / 肖克围

我家住在江苏泰兴（今泰兴市）小金村，家境贫寒，全靠租种地主家五六亩租田维持生活。我们兄弟姐妹八个，我排行第七。家中穷得实在没有办法，我生下的当天夜里，父母就以两斗小麦的价钱把我卖到大地主陈其泉的侄子陈晓峰家做“押子儿”。原来陈家生孩子是生一个死一个，他们按民间习俗把我买去，以求改变命运。

1940 年 7 月 29 日，新四军解放了黄桥，第二天到达了我的家乡。这年 8 月上旬，新四军老二团宣传队的同志连续几天在我们村子进行抗日宣传。我好奇地跟着他们听宣传。他们也因此和我交上了朋友，亲热地喊我“小弟弟”，有时要我帮他们喊人开会。

有一天，他们和我商量在我们村成立抗日儿童团，要我把村子里三十多个孩子集中起来。我把孩子们找来了，他们讲了成立抗日儿童团的意义，并提议由我当团长。孩子们表示赞同，于是我当了村里抗日儿童团首任团长。

我担任村和学校抗日儿童团团长后，开展站岗放哨、送情报、唱革命歌曲等活动。村里的大恶霸陈其泉对我们成立抗日儿童团恨之入骨。他以陈家族长的身份和恶霸的威严，警告儿童家长不准孩子参加儿童团，说什么日本人来了见一个杀一个，还要烧房子。他命令我家里狠狠地打了我一顿，他还亲自揪我的耳朵，打了我几个耳光，骂我是小共产党，想造反。当时虽然困难多，压力大，但是我和几个最热心搞抗日儿童团活动的骨干分子陈应文、陈应康、金星宝、刘正兴、刘正南等，仍然积极地秘密搞抗日活动。我们发动儿童团团员，从家里偷偷拿一块香烟盒子大小的白布，然后集中起来，请村里读励志中学的陈怀芳大哥，帮我们设计臂章。他将小长方白布沿边画上蓝色框框，框子里上面写上“抗日”二字，下面写“儿童团”三个字。团员用针线把它缝在左臂衣袖上，大家高兴又神气。

1940 年 9 月 5 日，韩德勤顽固派向我营溪、古溪一带的新四军进攻。6 日下午，我放学回家时，我们村子已进驻了韩顽军队。我一进家门，一个韩顽军官手里拿着几只抗日儿童团的臂章，狠狠地对我说：“你是新四军共产党组织的儿童团头头，你是小共产党！”我对他说：“我们校长说，抗日人人有责，儿童也要组织起来抗日。这个臂章是校长叫做的。”就在这个时候，一个传令兵气喘吁吁地跑来说：“营长命令，赶快带部队到营部集中撤退！”我乘这个家伙不注意，就跑到邻居家躲藏起来。第二天，我发动儿童团到处宣传新四军打垮了顽固派的进攻，在营溪消灭敌人一个多团的好消息。

1941 年至 1942 年，正是我们家乡广大人民群众在共产党、抗日民主政府领导下，轰轰烈烈地开展抗日打日军、反伪化斗争最激烈的时期，我们抗日儿童团也不例外地投入斗争中。我作为村、乡、学校儿童团团长，要完成一项侦察任务。当时苏中三分区司令部敌工科顾义群（红十四军的老党员）和我乡秘密党员万载松、万扣林，派我随被日伪军拉进古溪据点修工事、筑碉堡的大批民工混进据点，去了解有关敌情。我在那里为民夫烧茶送水，干些拿拿接接的小事情。几天后，工事碉堡修筑好了，我对敌人据点里的情况也基本摸清楚了：伪军陈才福二十六师一个团进驻古溪镇，古溪四周修筑了许多工事和大小碉堡，日军南浦旅团派一个小队十几个日本兵进驻古溪。我怕大小碉堡数字记不牢，想了个简单的办法：凡是大碉堡，我就从地上拾一只大的空螺蛳壳，小碉堡就拾一只小的空螺蛳壳，放进随身带的猪草篮内。我回来向几位领导报告时，将猪草篮内的大小空螺蛳壳朝地上一倒，对他们说，大螺蛳壳是大碉堡，小螺蛳壳是小碉堡，你们数吧。他们一面数着，一面笑着说：“假使敌人查问你拿螺蛳壳干什么怎么办？”我说：“我早想好了，我就说这是我们小孩子下‘五码’的玩具。”领导很高兴地赞扬我任务完成得很好。

在反伪化斗争中，顾、万他们又要我侦察大恶霸陈其泉家中还有没有枪支和他搞哪些秘密伪化活动。我答应一定尽力完成任务。陈其泉、陈晓峰合住一个大院，大院中间有南北墙一隔两间，墙中间有一小门相通，东半院是陈其泉家，西半院是陈晓峰家。这样就为我侦察陈其泉的不法活动提供了有利条件。1941 年的年三十夜，有钱人家要吃年夜饭、放鞭炮敬神。大概更把天，我从院墙中间门缝里，看见陈其泉和他的大儿子、三儿子用梯子爬上屋，揭开屋瓦拿出一包东西下来。他们打开包拿出一支小手枪，擦拭了一会儿，陈其泉的大儿子在鞭炮声中朝天打了两枪。第二天大年初一，我以外出玩耍为由，迅速将亲眼所见的情况向乡长万载友、万载松和万扣林同志做了汇报。他们立即找陈其泉谈话，要他交出手枪，说支持抗日有功。陈其泉狡辩说，他们家的所有枪支，早被抗日游击队陈玉生司令缴去了。万乡长说，你有短枪一支，年三十晚上放鞭炮时打了几枪，有人在你家大门外听到的，你不交出来私藏枪支有罪。陈其泉仍抵赖未交。万乡长他们不好讲是我亲眼所见的，故未再追查。（此枪一直到1947年土改运动时，陈其泉的大儿子陈鲁峰才主动交了出来。）

儿童团臂章

1941年秋季，我发现陈其泉同蒋垛敌据点伪军旅长孔瑞武有来往，搞伪化活动，于是秘密注视他的行动。一天下午，当过韩顽乡长的陈星南，保长周鉴、陈应赞、陈怀章等五六人来到陈其泉家。他们坐在院内桃树下，商谈将收集群众的几千斤粮食，用八辆木制小车装好，由陈怀章保长押车，于第三天一大早偷偷送往蒋垛据点。我立即将这个情况报告给顾义群同志。那天，顾带了短枪班几个同志，埋伏在蒋垛东边的三岔河，将送伪公粮的车队捉住。当晚，陈其泉又将搞伪化的几个人，召集在他院内开会，先是研究送伪公粮走漏风声的原因，他们无论如何也没有想到是十三四岁的孩子——我告密的。这天晚上，他们又商量到各家各户收集伪公粮现金，三天内收齐，第四天由大金庄的“麻打磨匠”（名字忘了）用装打磨工具的大麻袋装现钞，打磨匠和陈其泉的本家侄子两人送往蒋垛。我迅速将这个情况报告了顾义群同志。顾派出短枪队队员，在去蒋垛据点必经之路——吴家巷桥口，将送伪公粮现款的两人捉个正着，没收了现款，两个人经教育认罪后放回。

1942年夏天，新四军苏中三分区主力部队打下了古溪伪军据点，俘虏了上百伪军，打死了几十个敌人。少部分敌人从西庙渡河逃向蒋垛据点。中午战斗一结束，我立即带领抗日儿童团的积极分子，赶到古溪，帮助新四军在漂浮着二十几具伪军尸体的西庙河里打捞了十几支长枪。和我们一起打捞枪支的新四军同志，赞扬我们很勇敢，叫我们长大了当新四军打日军。

1944年至1945年期间，我在泰州县雅周区任儿童团团长，这个区的二十个乡，抗日儿童团的工作搞得轰轰烈烈，多次受到上级领导的表扬。在日本宣布投降前，我带领几个乡的儿童团团长，如肖马的肖克甫、鸭湾的莫胜和、营溪的陈怀营、闾王的徐文登等，还有几个年岁稍大一点的团员，共二十人参加了新四军。雅周区参军快报上，表扬我是带头参军的模范。

（本文选自《大江南北》）

云岭抗日小先锋

文 / 汪保萍

新四军军部驻扎泾县云岭期间，有这样一支特殊的队伍，他们既没有部队编制，也没有武器装备。他们之中年纪最大的十四岁，最小的只有七岁。然而，他们个个人小鬼大，灵活机警，为新四军站岗放哨、盘查行人、传递情报，为抗战发挥着特殊的作用。这些在云岭烽火中成长的小英雄们，为新四军慰劳宣传是“呱呱叫”，唱歌演戏是样样通，侦察敌情是最拿手，检查路条是不放松，你要是小瞧了他们，他们会对你说：“谁说我们年纪轻？谁说我们不中用？不信，您瞧……”

1938年8月，一个月色朦胧的夜晚，云岭山脚下一个小山村的一群孩子在村口放哨。时近半夜，他们发现来了一个骑着马的人，便问：“是谁？”来人没有回答。孩子们想起辅导员平日里的嘱咐：“来人不答话，你们就可以上去打。”于是，孩子们蜂拥而上，抡起小棍子就打，有几棍还打中了马腿。等那人下了马，孩子们这才发现是袁伯伯——新四军政治部主任袁国平，一时不知所措。袁国平大笑起来，表扬了他们并说：“如果你们不打，我可就要生气，因为说明你们不负责任呀！”

1939年6月的一天，五六个孩子在通往云岭方向的大路口放哨时，发现一个穿着棉袄卖梨花糖的跛子路过，便上前去查看路条。路条没错，但孩子们觉得这人大热天的还穿着棉袄，有点不对劲，便要求检查那卖糖人的担子。那人忙拿出糖给他们，显然要求免予检查，但遭到了孩子们的拒绝。然而，检查的结果还是一无所获，只好放他走了。那人走后，孩子们想想还是不放心，便又追上去，要查他的棉袄。那人不肯，孩子们便说：“好人是不怕受检查的。”结果，摸到了藏在棉袄里的一件硬东西。这时，那人变了脸，一抬手便将孩子们打倒了几个。可是，他们不怕，一边死死缠住那人，一边派人去村农抗会报告。那人见势不妙，扔下担子就跑。但很快还是被农抗会派来的自卫队抓获。经审

讯得知，那人是个汉奸。孩子们查到的东西，是为飞机指示目标的仪器。

在新四军队伍里还有另外一个群体，就是新四军队伍里的小战士们。他们当时的年纪也很小，大都在儿童、少年时期，他们之中有的还为革命流血牺牲了。

新四军进驻云岭时，泾县茂林的章复权只有十二岁，1940年十四岁时在云岭参加新四军，担任通信员。1941年，他在皖南事变战斗中与通信班战士打退敌人一个排的进攻，后因寡不敌众而被俘，被关进江西上饶集中营。敌人用酷刑逼他悔过并以活埋相威胁，他始终坚贞不屈，还给重伤的战友送饭、送水。特务说他是个“小顽固”，同志们却称他为“小福音”。他还积极参加狱中组织的秘密活动。后来，敌人将其单独关押，剥光衣服，不给饮食，生命危在旦夕。经狱中地下党组织巧妙营救，他才得以脱险。1942年6月17日，章复权参加上饶集中营狱中党组织发动的“赤石暴动”因负伤未能逃脱，被囚禁于“特别班”遭受酷刑，牺牲于福建省建阳县（今建阳市）徐市镇，年仅十六岁。

章复权的好朋友张一阳也是一位小英雄。张一阳，江苏常州人，系中共早期领导人张太雷的独生子。1939年，在周恩来、陈毅等领导同志的关怀和安排下，赴云岭参加新四军，在教导总队学习，结业后任新四军三支队学兵队政治干事。1940年，加入中国共产党，在皖南事变中被俘。在狱中他过着非人的生活，不幸染病。特务一手拿着治病的药物，一手拿着印发的“悔过书”，对他说：“只要你在这上面签个字，就可以打针服药了。”张一阳忍着剧烈疼痛，伸手接过“悔过书”，轻蔑地把它撕了。他大义凛然，坚贞不屈，敌人断绝了水、饭，最终他被折磨而死，年仅十八岁。张一阳于临终前高烧昏迷时还高呼：“跟我冲啊，杀啊，消灭日本鬼子……”

这些小先锋们在抗战炮火中长大，锻炼成坚强的小英雄。在他们幼小天真无邪的心灵里，已经真真切切地把抗日救国当作神圣的职责，把自己的生命与祖国的命运紧紧联系在一起。正如他们经常说的：“快来抗战保国家，做个抗日小先锋，不做顺民不投降，不做爹妈的寄生虫，今天我们吃点苦，将来建立起幸福的新中国！”

（本文由安徽泾县云岭新四军军部旧址纪念馆供稿）

抗日烽火中的儿童团

文/张学奎

小英雄雨来、小兵张嘎、《鸡毛信》里的海娃，我们常常从描写抗日战争的小说、影视中看到这些儿童团小英雄们的身影。当年，儿童团和“三救会”（妇女救国会、农民救国会、青年救国会）一样，是抗日战争时期的群团组织，在当地抗日政权的领导下，宣传发动群众，除霸除奸，支援前线，维护地方治安，发挥着不可或缺的作用。抗战的硝烟已飘去，当年的儿童团团长——从萧县人民法院离休的张超，忆起当儿童团团长的事，还激情难抑。我们一起来听听这位老兵当年的那些英雄故事——

一

1938年3月、4月间，日军大举南下。5月，徐州沦陷，豫皖苏边区国共两党纷纷建立各级抗日政权，组建抗日武装。为适应抗日战争形势，共产党在各区、乡、村成立了“三救会”：妇女救国会、农民救国会、青年救国会，还组织了由少年儿童参加的儿童团，大打抗日的人民战争。1938年夏收前的一天傍晚，萧县仁寿乡第十五保保长，小阁子村的张庆亮找到本村十六岁的张超，问道：“张超，干儿童团吗？”“儿童团是干什么的？”张超不解地问。“当然是打鬼子呗！”张保长接着给张超讲了成立儿童团的作用和意义。听说是打日军，张超高兴地答应了。张超出身贫寒，读过五年小学，办事机灵。张庆亮“委任”他当第十五保小阁子周围杭子、刘店子、黑楼子等六个村子的儿童团团长，并授权他“招兵买马”，尽快把儿童团组建起来。张超利用割草、放羊、洗澡、打坷垃仗的机会，召集靠得住、要好的同伴，鼓动他们参加儿童团。村里的小伙伴武道臣、夏本立、张祚田、胡胜田、张祚才等听说成立儿童团抗日，团长还是他们信得过的自然领袖，纷纷报名参加。

闫阁村的闫传印，才十一岁，瞒着家里人报名参加了儿童团。父母觉得他年龄小，劝他过两年再说，把他关在家里。他又哭又闹，后来偷偷跑出来，找到儿童团团长张超，一不做，二不休，干脆不回家了。看到儿子的抗日劲头那么大，当父母的还能说什么呢？

儿童团使用的武器多是红缨枪，长长的木棍是枪身，枪头是铁制的，箭镞形状，枪头下面再系上一圈红缨，就是红缨枪了。张超领着他的伙伴，带着砍刀，爬上村里的桑树、柳树，砍下树枝，削去外面的皮，就是枪身了。至于红缨自家里染的棉线有的是，弄点红颜料染染就是很鲜艳的红缨了。枪头呢？儿童团团员们只得让父亲或兄长到附近集市上的铁匠铺里花钱打制。

张超和他的儿童团第一次亮相，是在一个乡亲们刚吃过早饭的上午。他带领着由十几个伙伴组成的队伍，排着一字队形，肩扛红缨枪，呼喊着“打倒小日本”“打倒汉奸”的口号，雄赳赳、气昂昂地从村里的中心街上穿过，接受乡亲们的检阅。看着他们整齐的队伍，瞧着他们的精神劲儿，乡亲们都说：“孩子们都起来抗日了，咱们还怕什么？！”

二

宣传抗日，儿童团的小家伙们起着大作用呢！儿童团是出色的抗日宣传队，当地游击队的领导交给张超和他们儿童团其中的一个任务就是配合抗日政权，采取多种形式，宣传抗日，发动鼓舞群众。根据上级提供的标语口号内容，张超带着几个识字的儿童团员，提着石灰水罐，拿着用苘丝扎成的毛刷大笔，满村子去写抗日内容的壁字。旧社会农村的墙壁都是泥土垛成的，坑洼不平，儿童团团员们一笔一画认真地书写。在他们的笔下，人们可以看到“打倒日本帝国主义”“拿起刀枪杀鬼子”“团结起来一致对外”“当汉奸卖国贼没有好下场”等醒目的白色壁字。十多天的工夫，张超就和他的伙伴在周围六七个村子的墙壁上书写了六百来副抗日的标语口号。儿童团的劳动，赢得了父老乡亲们的赞许和游击队领导的夸奖。

儿童团不但让乡亲们看到抗日的行动，更让大家听到抗日的声音，他们学唱抗日歌曲，编唱抗日歌谣，让抗日的歌声响遍四面八方。他们年龄小，记性高，一学就会。伙伴们唱得最拿手的是《大刀向鬼子们的头上砍去》，当唱到最后“把它消灭，把它消灭，杀”的时候，儿童团团员们会挺起红缨枪，跨前一步，做刺杀状。他们的抗日歌声慷慨激昂，声情并茂，唱出了中国人民与日本侵略者不共戴天的气势，唱出了抗战到底的豪情，感染力极强。

抗战儿童团张贴标语雕塑

儿童团还根据当地抗日形势，唱人们编唱的抗日顺口溜，像《拿起刀枪干一场》：“河里水，黄又黄，东洋鬼子太猖狂。昨天烧了王家寨，今天烧了张家庄。逼着青年挡炮火，逼着老年运军粮……这样活着有啥用，拿起刀枪干一场。”儿童团把演唱抗日歌曲当作一项政治任务来完成，闲来无事时唱，站岗放哨时唱，跟父母下地干活时唱。为了扩大影响，儿童团定期地组织起来，排着队，举着红旗，走村串户高唱革命歌曲。乡亲们喜欢听，有的干脆请儿童团团员教唱，时间长了，许多人顺口溜会说了，歌曲会唱了。在“三救会”组织的活动和乡村召开的群众会议上，儿童团表演的抗日的话剧、对口词、三句半等节目更能活跃气氛，鼓舞士气。特别是赛歌，小伙伴们分成两队，你唱一支，我来一支，参加会议的群众还组成啦啦队助阵，激昂、嘹亮的歌声在村头、原野上空回荡。

抗日宣传工作做好了，广大人民群众的抗日热情高涨，大家充分认识到只有奋起抗日，把侵略者赶出中国去，才有出路，才有希望。各村出现了妻子送丈夫、父母送儿子、夫妻双双参军的感人场面。

三

站岗放哨，儿童团更是好样的。1938年以后，日军在占领区安了许多“钉子”（据点），建立了伪政权。日军、伪军时常外出“扫荡”，汉奸、特务乔装打扮，四处刺探抗日武装、政权的情报。儿童团充分发挥机警、灵活、政治觉悟高的特长，担当起了站岗放哨、查路条，帮助乡村维护地方治安、防特除奸的任务。在抗日政权控制的地方，人们常能看到村头路口站着两三个手持红缨枪，神气十足的儿童团团员，对过往的陌生行人例行检查路条。所谓“路条”就是县、乡等抗日政府及部门开具的证明信，介绍持有人的性别、年龄、住址、从事的职业。并且必须加盖公章才有效。通过看路条、查形迹、听口音等盘查，没有疑点的可以放行。对于那些没有路条，操外地口音，又没有当地人担保的人，是不能通过的，要被送到当地的乡政府或游击队进一步审查。

有的汉奸、特务认为儿童团团员年龄小，好糊弄，妄想蒙混过关，那就大错特错了。1939年秋后的一个下午，张超和他的两个伙伴正在村口查路条，远远地看到东面一里多远的路上，有一个男子向他们这儿张望，走走停停，停停走走。张超觉得其中有鬼，他和伙伴们机警地躲闪到附近的草屋里隐伏下来。那男子看到村口没有了关卡，便大胆地走过来，刚到村口，张超等人忽然冒出来，拦住了他的去路，仔细盘问起来。那人说外乡话，称自己是教书先生，家住皇藏山区，到西面的张庄寨亲戚家去。问他亲戚家的名字，对方支支吾吾答不上来，要路条，说来得匆忙忘了带。张超觉得来人形迹可疑，和伙伴们一块把他扭送到村里的游击队里，经进一步盘问审查，得知他是萧县东部敌占区的一个汉奸，受命去给萧（县）永（城）边界的日伪军送信。用他的话说：“走了百十里路，多少关卡都过了，没承想，竟被几个小不点的童子军的火眼金睛识破，栽了。”

儿童团还为乡村的群众、地方抗日武装站岗放哨，监视日伪军的动向，及时报警送信。儿童团村头有岗哨，村外很远的田野里有装作捡柴、放羊的流动哨，一旦发现异常情况，或燃起一堆干柴飘起“狼烟”，或喊上几句暗语，传递给村头的岗哨，村头的岗哨再报告给村里。

1941年夏初的一天上午，正在雷集

村前的公路旁割草的儿童团团员张祚田隐约看到从东面张寿楼据点里走来了一队穿黄军装的日军和伪军。日军出巢，不是“扫荡”，就是抢粮、抓人。他迅速点燃在附近早准备好的干柴草，周围村口的儿童团团员看到远处的烟火，大声喊叫：“黄狼子来了！”游击队和乡亲们知道日军下乡了，迅速藏好粮食，组织转移。等到日军和伪军到了附近的几个村子，哪还有人影儿。日军垂头丧气返回据点的时候，又遭到了在半路上埋伏的我区队的伏击，一排子弹打过去，惊慌失措的敌人丢弃抢掠的东西，落荒而逃。游击队领导在群众大会上表扬儿童团人小作用大，打日军立了功，为他们戴上了大红花。

张超在给孩子们讲述当年打日军的故事

经过几年抗日烽火的洗礼、锻炼，儿童团团员们逐渐走向成熟、坚强，大部分顺理成章地正式参加革命武装或进入县、区、乡抗日部门任职。当年跟随张超的儿童团团员张祚田、胡胜田、张祚才等人经他介绍，先后加入中国共产党，参加了新四军，在抗日战争和解放战争中，南征北战，出入枪林弹雨，为建立中华人民共和国立下了汗马功劳。张祚田因作战勇敢有功，升至营长。1946 年，新四军西撤，在与国民党军队的作战中，他所带的一个营，被数倍于己的敌人包围，经过激战，伤亡过半。他率领部分战士突围时，壮烈牺牲。张祚才解放战争后随所在部队挺进大西南，中华人民共和国成立后历任县委书记、四川省文联党组书记等职。张超在抗日战争和解放战争中先后任乡抗日青救会会长、公安区员、共产党萧县政府党总支组织委员。中华人民共和国成立后任萧县反匪反霸工作队队长。1982 年，从萧县人民法院离休，颐养天年。

（本文选自拂晓新闻网）

我的四叔十五岁“偷着”当八路

文/广　君

四叔是奶奶四十多岁才生的儿子。由于在男孩中排行老四，因此我们都喊他四叔。当时家境贫穷，四叔的出生让家里又多了一张嘴，因此不仅没给这个家增添欢乐，相反包括奶奶在内都觉得他是个“累赘”。

那时候奶奶每天除了要照顾一大家人吃饭，还要纺线织布。奶奶织布时常用被子把四叔围在土炕上，四叔哭得声音都嘶哑了，奶奶也顾不上抱。旧社会有句话叫“穷人的孩子好养”，四叔六七岁时就能给家里挑水吃，十几岁就参加了儿童团。在穷苦的环境中，四叔渐渐长大，而且长得很结实。他聪明好学，自立能力强，十五岁就当了儿童团团长。

1946年，村里来了八路军。四叔是儿童团团长，因此有机会与八路军的连长接触。四叔从小就崇拜八路军，为了将穷苦百姓从苦难之中解救出来，为求得全人类的解放，四叔找到连长要求参加八路军。连长嫌他年龄小，他就死磨硬缠，后来那位连长勉强答应了。尽管奶奶觉得四叔的到来是多余的，但这么小的孩子真的要去参军打仗、出生入死，她还是舍不得，死活不答应。后来八路军离开村子时，四叔硬是偷偷地跟在队伍的后边参了军。

四叔刚入伍就与敌人交上了火，三天一小仗，五天一大仗，生活上则是饥一顿饱一顿的。一年后四叔回了一次家，奶奶见四叔又瘦又黑，心疼得抱着四叔的头就哭，毕竟四叔那时还是个不满十六岁的孩子。晚上奶奶烧了一大锅热水，给四叔烫洗那带血泡的脚，把暖暖的热炕头也让给了四叔。不仅如此，奶奶还半夜起来，把家里仅有的四个鸡蛋煮熟了，用小手绢包好放在四叔的枕头旁。天未亮，四叔又匆匆地行军走了，鸡蛋也没有带。奶奶手捧着还温热的鸡蛋，挪着一双小脚一颠一颠地追到街门口，只见四叔的背影已到了胡同的尽头。奶奶倚在门框上，两行热泪无声地滴落在衣襟上，不知儿子此去是死是活……

四叔这一别，就是五年没有回家。由于四叔聪明好学，人又机灵，从军不久领导就安排他当了卫生兵。当兵期间四叔曾参加过大大小小几十次战斗，立过数次战功。每当喜报寄回家，爷爷奶奶都会对人夸他的“小四”有出息。后来大军南下，四叔又跟随大军跨过长江打到了上海。

后来四叔又考上了上海第一医学院。在学校，四叔与自己的知己、同窗好友，我的四婶结为伴侣，并且留在了上海。再后来他们都成为上海医学院小有名气的医学专家。如今四叔已光荣离休，婶婶仍在带研究生。

日月如梭，光阴似箭，一晃几十年过去了，四叔也迈入了耄耋之年。我衷心祝福从枪林弹雨中走过来的四叔晚年幸福安康。

（本文选自《河北青年报》）

玉溪村的抗日儿童团

文/刁星斌

1937年7月7日，日本帝国主义强行进攻我卢沟桥，激起了全国各族人民的极大愤恨和强烈反抗。从此抗日战争全面爆发，全国上下从城市到农村，从工厂到学校，掀起了轰轰烈烈的群众性抗日运动高潮。我省在党的领导下，从省城到农村都成立了牺牲救国同盟会（牺盟会），沁水县玉溪村在牺盟会的领导下，相继成立了工救会、农救会、商救会、妇救会、青救会、自卫队、游击小组、儿童团等抗日组织。我当时在玉溪村小学读书。因为我在学校学习比较好，平时爱说、爱唱、爱跳，比较活跃，深受老师和社会的好评，所以牺盟会选我担任儿童团的团长。儿童团以学校的学生为主，吸收校外儿童参加，年龄都在十二至十五周岁之间，儿童团员有四十多人。儿童团成立后，我们在牺盟会、自卫队、游击小组的指导下，经常进行军事常规训练，如学习体操、防空、防毒、隐蔽疏散等动作，还有唱歌、跳舞等。我们儿童团有红色团旗、黄色胸章，团旗上有“玉溪村抗日儿童团”字样。我们儿童团穿的是蓝色学生服，头上系着白色毛巾，肩上扛着长矛红缨枪，腰上挎着木制大马刀，腰中还别着小木制手枪，走起路来步伐整齐，看起来非常英俊威武。我们除体操外，还配合抗日自卫队站岗放哨，盘查往来可疑人员，但最主要的是宣传抗日——

张贴抗日标语

在公路两旁、村里的街道两旁、树干上到处都张贴着抗日标语。内容是“打倒日本帝国主义”“打倒汉奸走狗”“打倒卖国贼”“不当亡国奴”“保卫华北、保卫山西、保卫家乡”“小日本滚回去”等。而我们儿童团张贴的小标语更使人们关注，一张大红纸，剪成三四十张小纸条，上面写着“小日本滚出中国去”“打倒小日本，打倒狗汉奸”“不让小日本吃我们一粒米！不让小日本喝我们一滴水”等。我们标语上的落款是玉溪村抗日儿童团。我们还把抗日标语张贴到附近村去，如黄坪村庙会上。

大唱抗日歌曲

不论在校内和校外，我们经常歌声不断，歌词内容是这样的：

打倒日本，打倒日本，打倒日本！救中国，救中国！

救中国；救、救、救中国，一齐向前走，努力、努力、努力、努力救中国。要奋斗，救国、救国，要奋斗！

红缨枪、红缨枪，枪缨红似火，枪尖放光芒，拿起那红缨枪，打倒小东洋……

像这样的抗日歌曲有数十首。

包片包户宣传抗日

儿童团团员们分成村东、村西、村南、村北四个小组，每天放学回家后，教家里人和邻居们唱抗日歌曲、抗日快板，做到了家喻户晓，老少皆知。很多家庭不论白天黑夜，甚至在地头干活，都在唱抗日歌曲。

跑广场游行演出

我们儿童团团员很多人扮演成工、农、兵、学、商，再有少数几个扮演日本兵和汉奸。儿童团团员们把“日本兵”和“汉奸”押在广场上转圈，并让他们跪在地上，大家高唱抗日歌曲，即《救亡进行曲》:“工农兵学商，一齐来救亡，拿起我们的武器刀枪……把小日本和汉奸杀光。”

我们唱完这首歌，大家拿着长矛、大刀向扮演的“日本兵”“汉奸”杀去时，观看的群众都高声喊着:“杀、杀、杀！”愤怒的声音响彻全场，接着大家高呼:“打倒日本帝国主义！”“打倒汉奸走狗卖国贼！”

除以上各种形式进行抗日宣传外，儿童团经常替牺盟会往各村送鸡毛信（信封上插上鸡毛表示紧急）。1938 年的秋季，沁水县牺盟会在第三区所在地的国县村，举行了各村儿童团检阅比赛，比赛的项目有体操的基本动作、抗日歌曲、舞蹈等。在这次比赛中，我们玉溪村的儿童团以《六杯茶》《救亡进行曲》两首歌获胜，名列全区第一名，夺得了一面金光灿灿的红色锦旗。当时的沁水县牺盟会特派员张文峰（后任士敏县第一任县委书记）和特派员李新亭高兴地握着我们的手，连声说:“好好好，不错、不错！”

1939 年冬，由于日军侵占了沁水、高平、晋城等城，还在各大村和山头关口扎了据点。距玉溪村二十余里的高平关也叫老马岭，就驻守着日军和伪军。国民党阎锡山“反共”，悍然发动了晋西政变。在白色恐怖下，为了保存革命力量，牺盟会紧急通知抗日组织停止公开活动，但是我们儿童团始终没有停止活动。

1942 年年初，士敏抗日政府和区、村公所相继成立。八路军和游击队开始在敌占区附近活动。这时村儿童团团员们都已十七八岁了，经过几年的磨炼，思想觉悟都很高。他们为报效祖国、打倒日本，都想参加八路军上前线杀敌。

当时村里有十一位青年人参加了八路军和游击队，其中陈来全、李安定、张道立、袁丑富、王三元、高保全、田落正、张道元八人是原来的儿童团团员。1945 年秋，日本投降后又有九位青年集体参加了人民解放军，其中张永富、张恒永、王小正、张国红、陈红红、刁土红、袁青松七人系儿童团团员。这些同志在支前参战中表现积极、勇敢、出色。

当年的儿童团团员在抗日战争中，有八名战士光荣牺牲，其中有田落正、张道立、陈来全、王三元、袁丑富、李安定，他们的名字已载入《沁水县志》和烈士陵园的光荣史册。

（本文选自《太行日报》）

在战火中成长的孩子们

文/红　英

我的父亲詹化雨和母亲吴继春都是参加鄂豫皖边区三年游击战的红军。1938年初，红二十八军改编为新四军第四支队。父亲任四支队手枪团团长，母亲在第四支队医院做司药工作。

1937年4月，父亲在麻城龟峰山战斗中不幸腿部中弹负重伤，被送到黄安（今红安县）老君山养伤，当时母亲是鄂东北道委会医院的医护人员，负责他伤腿的治疗和护理。在几个月的治疗养伤过程中，他们建立了深厚的感情。1938年初，经组织批准，父亲和母亲在七里坪秦家祠堂举行婚礼。

母亲健在的时候，常有老战友和好朋友来看望，从她们回忆战争年代的情景中，我陆续了解到一些关于我们出生和成长的情况。

我是老大，母亲怀我的时候正值四支队从七里坪东进到安徽舒城的路上。她当时反应很大，什么也不能吃，几个月的行军路上又累又饿，还要坚持在医院护理伤病员。1939年底，到了舒城西港，我出生了。因先天不足，我生下来头只有暖水瓶盖那么大。母亲又没有奶水，只好到驻地老乡家讨奶吃，讨不着时就喝米汤充饥，又哭又闹也没有办法。记得母亲说，有一次行军她将我背在背上，一路上我总是哭，天黑又看不清路，不小心连人带孩子摔倒在路边水沟里，她爬起来接着走，发现我不哭了，以为睡着了就继续走，到了宿营地从背上放下我，一看都冻得快没气了。一位阿姨让母亲快找老乡想办法。最后将我放在一大盆热水里面，慢慢泡醒了，这才保住了小命。母亲也常讲，行军走路又背孩子实在太累，经常掉队。常是部队已到宿营地，她还在路上没赶到，总有男同志回头去找，找到后帮着她抱着孩子赶部队。汪浩叔叔就经常帮忙。有时战友帮她轮流背。当时好几个阿姨都还未婚，帮着照料我，到了宿营地还找奶吃，忙个不停。有一回我被送到一位老乡家寄养，他们每天下地干活，把我丢在家中，一个月不到我就饿瘦了，并且生了褥疮，还咬烂了两手的无名指，至今手上仍留有伤疤。一位阿姨去看我时，赶紧将我抱了回来。我就是这样一天天长大，这里面凝聚了许多好心叔叔阿姨的辛劳，没有他们的照料也就没有我的今天。

听母亲说，她们那一批结婚的战友先后生了十多个孩子，由于经常行军打仗，有的孩子被送到老乡家来不及转移就丢掉了，有的孩子生病后无药医治夭折了，还有在夜晚越过敌人封锁线时，怕孩子哭会暴露目标，为了整个部队的安全，将自己孩子的嘴死死捂住的。直到中华人民共和国成立，这批孩子中只剩下五个长大成人。

1941 年 5 月，母亲刚生第二个孩子没几天，日军就从村东头进村了。两个小孩已被一位战友抱走转移，她还在床上躺着，房东赶紧将她背到村西玉米地里隐藏起来。她连续两天两夜没吃的，渴了也只能喝点地沟水，直到日军“扫荡”完撤离，才从地里爬回村子。原来的房东还未回来，她只好在大树下搭个棚子住（因当地习俗是不让产妇住在家中的），由医院的几位姐妹轮流照看。一个月下来，她的身体特别虚弱，从此落下了癫痫和头疼病。这时有彭风姣、陈发新、胡开彩、彭玉兰几位阿姨经常照顾她、陪她，从此她们结成生死之交，亲如姐妹，中华人民共和国成立后还经常往来。

1943 年 2 月，春节刚过，在从大刘郢向黄花塘转移的路上，母亲骑的马突然受惊将她摔在地上，当时母亲身怀老三。晚上宿营在张公铺二师驻地时，母亲肚子疼，要临产，可孩子只有七个月，又没有医生，只好由同伴周月湘阿姨帮她接生。生下后发现小孩的手腕断了，就用两根筷子夹住。最近听钟岳叔叔讲，他当时正与我母亲在一起工作，因没有钙片吃，就磨鸡蛋壳粉掺到米汤和稀饭中喂弟弟。现在弟弟长得还不错。

有了老三以后，我和老二经常被送到老乡家寄养，战事紧张时就接回来跟着部队转移，到达新驻地又送出去，就这样来回换着。记得母亲说，有一次下大雨，河水猛涨，我出去玩被水冲走了好远，后来老乡找到我时还有口气，真是急坏了。他一时又找不到我父亲的部队，后来还是另外一支部队的同志将我辗转送到了母亲那里。那时我父亲是二师副参谋长，经常打仗，很少有时间回到后方照看我们。我也常听母亲说，我们家孩子多，衣服和鞋子都做不过来，夏天就干脆每人一双木拖鞋，人还未到声先到。后来听阿姨们说，只要听到木屐声，就知道是詹家的孩子来了。

1945 年 9 月，老五出生时，日本投降了。1946 年，母亲又带着五个孩子随部队（山东野战军第二纵队）北上鲁南。1947 年秋，国民党大举进攻山东解放区，部队艰苦辗转，浴血抗敌，后方党政机关、医院等处境危急，不得不转移、疏散、隐蔽，二纵留守处也在胶东三天两头转换驻地与国民党和还乡团周旋。后来留守处奉命将团以上干部的家眷全部撤离胶东，组织上让母亲化装成老百姓带孩子突围。每家只能带两个孩子，母亲只好将老五送给人家养着，又让两个孩子随保育院转移，只带我和老四与另外一位首长的妻子组成一家人。我们要从莱阳走到威海，一路艰辛徒步。我当时也只有八岁多，只能踮动小腿跟在大人后面走，走得太累了就哭。经过几天的跋涉来到了威海，乘船到了刘公岛。当地老乡看到我们这些人的困难，想尽办法筹集粮食，但也只能每家发一

个玉米饼，大人们都是将一个饼掰成几块让孩子吃。记得当时是夜晚上了机驳船，我们坐在船舱下，舱口都盖了木板，我感到特别难受，许多人都吐得特别厉害，又不能大声哭，好害怕！经过两天两夜我们终于到大连了。听母亲说，这次突围到大连的共有三艘船，徐海东伯伯乘的是第一艘，我们是第二艘，第三艘被敌人打沉了，船上的后勤人员和家眷都牺牲了。

到了大连，跟组织联系上了，我们的生活也有了保障。先行到达的徐海东伯伯还送给我母亲几块银圆，帮我们买了衣服。蔡炳臣叔叔还派人到辽宁安东（今丹东）找到跟保育院转移的两个孩子，这样我们一家五口人又在一起了。记得在大连我还生了一场大病（胸膜炎），一个人住在一位苏联人家的一间房子里，母亲每天来送饭，我一个人好伤心。经过医治我终于病好了，又跟家人在一起了。

1948年春，二纵等部队胜利进行胶河战役，继而攻克高密，胶东大部分地区已被我们收复，改变了山东战场的形势。组织上又安排我们从大连回山东。我父亲一直在前线，我们在大连也没有能联系上，回到胶东后才知道他已调华东野战军第七纵队，这时我九岁多。在回七纵留守处的路上十分辛苦，刚开始乘坐卡车，后来因公路多处被破坏，只能又徒步了。母亲带着四个孩子真是非常艰难，两个弟弟小（一个四岁多，一个三岁多）走不动，只好背着走，我和妹妹自己走。有时母亲先抱着小四跟我先走一段，放下让我看着，再回头去背小三和牵着老二走，一天也走不了几里路。我们走了好几天好不容易才到了十三纵驻地，见到徐海东伯伯。他派人帮我们继续向西赶到七纵留守处。当时战争很频繁，部队老是运动，一路上多亏兄弟部队和父亲的老战友帮忙，终于找到了七纵留守处，我们才算稍有好转，以后又跟着部队往山东南边走。

1948年9月，济南解放了。1949年春，母亲将我们姐妹三人从曲阜送到济南上学。一路上坐的是手推车。爸爸还给我一支从敌人那里缴获的小钢笔，让我好好学习。到了学校我们三人在一个班，好高兴，终于能安定下来不用再走那么多路了。南京解放后，我们又从济南转到南京卫岗华东干部子弟小学读书。那时我的父亲和母亲已打到了福建。

以后我就一直在学校读书，直到大学毕业后参加工作。母亲生前常对我说：“你们是在部队出生的，在党的抚育、培养下长大的，没有共产党也就没有你们，要好好为党工作，以报答党对你们的栽培。”我的童年基本上是在新四军军营度过的，是新四军把我带大、培养大，我对新四军有着深厚的感情。退休后我毅然在新四军研究会二师分会尽点义务，同新四军的老战士、我的叔叔阿姨们一起回忆那个年代的情景，帮着老前辈把当时情况写下来。我忘不了帮助过我们的那些叔叔阿姨们，感谢他们在战争环境中对我们的照料。

（本文由北京新四军研究会供稿）

抗战少年儿童追忆当年

——铁蹄下抗争　战火中成长

文 / 樊永强　吴　杰　梅世雄

1938年4月9日，日军制造了“峪南惨案”。清澈的溪水都被鲜血染红了。当时只有十三岁的徐春阳幸免于难。

“在坑里，我身上压着小伙伴王小望的尸体。我满脸、满手都是血，在死人堆里一动不动躺了六七个小时。我咬牙发誓：‘只要不死，一定要参加八路军！为死去的乡亲们报仇！’”六十七年后，徐春阳回忆这段往事，仍双目喷火。

野蛮的侵略总是伴随着掠夺和奴役。侵略者不仅掳掠、诱骗青壮年劳工，那些未成年的孩子也被迫下矿劳动，受尽折磨。

七十六岁的郭金秀老人，九岁时全家从山东被日本人骗到本溪煤矿，十二岁时父亲积劳致死，十三岁就被迫下井挖煤。七十二岁的李文生老人则有着更为惨痛的记忆。在他刚刚记事时，日本兵就包围了他位于河北青龙县的家乡。“鬼子进村后，到处杀人放火，我眼睁睁看着四个弟妹被冲天大火活活烧死。”李文生未满十二岁就被迫下铜矿劳动，备尝辛酸。

为永久性征服这块土地，日本侵略者不遗余力地在占领区推行奴化教育。

1938年，在日本人占领了南通金沙镇之后，在镇上读高小的十一岁的海笑跟着家人逃到了农村老家。这位七十八岁的著名作家回忆说：“主要是因为鬼子强迫我们学日文。怎么能做顺民呢！哪怕不读书也坚决不上日本人办的学校！”

同仇敌忾：早熟的觉醒

这是一幅抗战时期流传甚广的宣传画。质朴的中国士兵抱着一个幼儿的

尸体发出怒吼:“是谁杀害了我们的孩子?!”这幅作者署名为李可染的战时宣传画，简明有力，震撼人心。

“保护我们的孩子”，对于那个时代的每一个成年人来说，也许是投入抗战的最简单、也最义不容辞的理由。

1938年3月10日，当前方将士正在台儿庄为赢得渴望已久的胜利而殊死激战时，在后方汉口，中国妇女界正在为救济、教养战时难童而辛苦奔波。

这一天，“中国战时儿童保育全会”宣告成立。“这是战时中国各党派、各阶层人士勠力同心关爱儿童的一个生动实例，”中国社会科学院《近代史资料》主编李学通说，“那是抗战最为艰难的时刻，物资极为匮乏，但她们还是以极大的耐心和决心抢救战火中的难童。”

硝烟战火中，这个靠募捐和政府拨款维持运营的全国性慈善组织共救助抚养难童两万九千四百八十六人。许多被救助的难童后来成长为国家建设的有用之才。

战争的残酷使孩子们过早地成熟。面对杀戮，他们懂得了奋起；感受了孤独和恐惧，他们更懂得团结和互助。

在保卫武汉的战斗进行到最艰苦的时候，儿童们走上街头，积极为抗战献金。一双双伸出的小手，捧出了心爱的储钱罐；一枚枚讨来的钱币，被讨饭的孩子投入捐款箱；教养院的孤儿手捧报纸叫卖，在街头为国募捐。

学校里的孩子们组织起来了，他们组织演出队，奔赴前线。名扬抗日战场的孩子剧团，就是在烽火中成长起来的众多儿童演出团体之一。

这个诞生于淞沪战场难民营的儿童演出团，在上海成为孤岛之后，二十二名孩子穿过重重封锁，跋涉千里抵达武汉。周恩来对他们的教导是：革命、创造、救国。

曾在孩子剧团担任演员的胡杰，对当年演出的火热场面记忆犹新:“我们的演出对象主要是民众和士兵。一次在川南的一个庙台里给老百姓演一出叫《帮助咱们的游击队》的短剧，我演汉奸。还没演完，台底下小石头、小土块就纷纷朝‘汉奸’砸来，旁边同志赶紧解释，我才没被砸个稀巴烂。”

1941年3月27日，郭沫若在报纸上撰文称赞:“孩子是天国中最大者。我是坚决地相信着，就要由这些小朋友们——永远的孩子，把我们中国造成地上乐园。”

浴火重生：在战斗中成长

在战斗中成长的孩子们得到了磨炼。

在朱德“斗争与学习缺一不可”的号召下，孩子们被组织起来，加入遍布各根据地的抗日儿童团。有三百多名孩子参加的晋西儿童营，用唱歌、演戏等募集捐款，捐献了一架“中国儿童号”飞机。“模范根据地”晋察冀边区的儿童团开展了“五不”运动：不上日军学，不听日军话，不吃日军糖，不告诉日军实话，不受日军骗。许多儿童团团员与敌人勇敢斗争，献出了宝贵的生命。

牛儿还在山坡吃草，放牛的却不知哪儿去了……

叙事民歌《歌唱二小放牛郎》家喻户晓，悠扬的旋律传递着抗日小英雄王二小的感人故事。

《小兵张嘎》《鸡毛信》《小英雄雨来》……这些传颂了六十多年的抗日小英雄故事，打动了几代人的心灵。

作家海笑当年就是一个小情报员。

孩子剧团在沪合影

边区儿童一枝花，儿童团在唱歌

十四岁时，身高不足一米五的海笑成为一名向姐姐单线负责的小情报员。“我姐姐早已是新四军的情报收集员。我这个小新四军，吃家里的饭，没有一分钱‘工资’，全是义务的。”海笑回忆，他曾以学生身份作掩护，多次出没于日军的据点、哨所，完成搜集情报的任务。

海笑，本名杨忠，参加新四军后改名为“海啸”。抗战胜利，举国欢腾，他又改名为“海笑”。这位老人，仍忙着编写两本书，一本是《海笑谈教育》，一本是《难忘抗日战争》。他说：“我有责任把真实的历史告诉孩子们，让他们了解我们民族遭受的不幸和抗争。”

在八路军、新四军的队伍里，常常可以看到十几岁孩子的身影。他们因国仇家恨走上革命征途。当时的抗日军政大学涌进了许多勉强能背动钢枪的孩子，他们和比他们大不了多少的哥哥姐姐一起，不远千里风尘仆仆地奔赴延安。

1938年，十四岁的女子小学学生侯波从家乡山西夏县一路乞讨奔赴心中的圣地延安，并加入中国共产党。第二年，她进入延安边区中学学习，在延河边上起步，成长为享誉中外的“红色摄影家”。

“那时我也不太明白共产党是干什么的，入了党以后会怎么样，但从身边的那些大人身上看到，中国共产党是一个了不起的组织，里面的人都是好人。”侯波老人回忆起入党时的经历，仍记忆犹新。

（本文作于2005年，选自新华网）

炮火中的抗日少年先锋

文 / 陈进鹏

抗日战争时，我们抗日根据地的小孩子的心思和大人一样：日军上门来了，我们为保卫家乡，组织起来跟日军干，决不让日军在我们的国土上横行霸道。

我出生在1932年。1937年7月7日，卢沟桥事变爆发。就在卢沟桥事变发生的第二天，中共中央通电全国，号召全民抗战。我的家乡在山东潍县（今潍坊市）。抗日期间，母亲带着我到了我党领导的寿北抗日根据地上学。抗日根据地的男女老幼，在中国共产党领导和号召下组织了起来，都为杀敌救国保家乡出力。我们这些十多岁的小孩子组织起了抗日儿童团，与父辈们一起肩负起挽救国家危亡的重任。许多青少年积极要求参军、参战，在炮火中度过了自己的童年与少年。在参军热潮中，一个村就是一个排、一个连，村长当排长或连长，一个乡就是一个营，乡长当营长，踊跃报名参加八路军。

那时，根据地按照我党胶东和清河区委的决定，各村还建立了抗日少先队组织。儿童们人人勇当抗日少年先锋。当时有首儿童团唱的《我爱枪》的歌，是我们在老师的指导下，自己编创的。大家非常喜欢唱它，走到哪里都在哼。歌词是这样的：

我爱枪，我爱枪／儿童团员把它扛／别嫌小俺身体壮／能站岗能放哨一心保家乡……

站岗放哨保家乡

我当时十一岁，是村上的抗日儿童团团长。八路军叔叔常住到我们村上，村里有自卫团（解放战争时期改叫民兵团），是党领导的村武装组织，我们叫他们“民兵哥哥”“民兵姐姐”，他们出来进去都背着枪，很威武，我们心里很羡慕。在他们的组织和带领下，我们这些儿童团团员都有一杆红缨枪。有的则拿着自制木质手枪，学着八路军叔叔的样子。记得有一首红缨枪的儿歌，在内容上与红军时期的《红缨枪歌》有所不同，这首《红缨枪歌》是这样描述的：

陈进鹏（左二）与老战友合影

红缨枪，红缨枪／枪头闪银光／打东洋，保家乡／莫叫鬼子逞凶狂！

在抗日的旗帜下，儿童团、姐妹团、妇救会、青救会、自卫团各有任务。儿童团的主要任务是站岗放哨、盘查行人。我们儿童团团员轮流在村口站岗，爬在大树上或站在围墙上、屋顶上放哨，发现敌情，马上报告村干部。因为我们村离敌人据点比较近，日军、汉奸经常来“扫荡”骚扰，站岗放哨、盘查行人、查路条，这些事很重要，不能间断。那时有条规定，陌生人不允许进村，为的是防备坏人看到村民挖地窖藏粮，刺探我部队驻防的情况。

我们儿童团团员人小志气大，不仅在路口站岗放哨、查路条、盘查行人，还协助自卫团捉汉奸、抓特务。我们发现坏人和鬼鬼祟祟有嫌疑的人，就把他弄到团部去，交给民兵哥哥处理。在支援前线的热潮中，大娘、大嫂在煤油灯下一针一线地为部队纳拥军鞋，我们帮助妇救会去大娘、大嫂家把鞋集中起来，以便送往前方部队。

当时，我们这些小孩子还在小学老师的带领和指导下，走村上集，在墙上刷标语、贴标语，写的标语口号有“抗日爱国，参军光荣”“拿起武器与日本鬼子干，决不做亡国奴”“奉劝汉奸们改邪归正”等。我们还作讲演，唱抗日歌曲，说顺口溜，成为村上的抗日少年宣传队。根据地军民创造的埋地雷炸敌人的方法有多种，如拉雷、线雷、踩雷、蹚雷，还有梅花桩雷、连环雷……当时有一首儿歌的歌词是：

轰，轰，轰／地雷开了花／天上飞起了大洋马／鬼子的脑袋搬了家，搬了家……

村干部、民兵和部队首长都夸赞我们是“小孩子干大事”！

风筝暗语报敌情

“春节飞鹞（风筝）”是我们益寿临广潍地区的一种民俗。1943 年春节期间，八路军清东军分区的部队开拔到我们村里，为的是开展“双拥”活动，发动群众参军，扩大县区武装，消灭日伪军。我们儿童团像往常春节到来一样，利用学校放寒假的机会拿着家里扎制的风筝，三三两两地到村外坡地上放风筝。我们是边玩耍、边侦察敌情。这是村干部交给儿童团的一项任务。

“消息树”上的小哨兵

离我们村向南二三十里路，有个日伪军据点。我们是抗日儿童团，处处想着怎么协助八路军除掉这个祸害老百姓的据点。因为这里的日伪军常下乡“扫荡”，特别是节日更加猖狂，到各村抢粮食，拉民女，无恶不作。我们就按照村干部教的办法，用不同样式的风筝，距离有近有远，相隔几里路左右，在不同的地方放飞。看到日伪军踪影了，就把风筝高度放低，直至收线；如果看不到我们放的风筝了，就说明敌人出动的消息是确实的。哪里的风筝收线就是告诉大家：敌人已经到了那里。

这次放风筝，在晌午过后，我们终于发现一小队日伪军从南向北来了。我们立即用风筝暗号向村里的民兵报信。八路军和武工队早有准备，就用机枪把这些日伪军赶回了据点，保卫了家乡让人民过好春节。事后，部队首长说我们“真是儿童抱成团，鬼子、汉奸见了也胆寒”，夸奖我们是抗日的少年先锋，抗日的小情报侦察员！

勇当抗日少年先锋

从1945年初开始，国内各抗日根据地积极准备全面大反攻。就在这个时候，十三岁的我，被母亲送到部队参加了八路军，实现了自己一门心思想扛枪打日军、干革命的愿望。因为我年龄小，起先部队安排我到文艺宣传队，我不愿意去，又叫我去卫生队，我也不愿意去，硬是哭着闹着要扛大枪打日军。我个子比较高，首长很喜欢我，就派我到了县委警卫连，当起了公安局局长的通信员、警卫员、武工队队员、宣传员。后来，我在人民解放军任职，1947年开始从事新闻工作，跟随部队南征北战，过黄河、渡长江，参加解放大上海的战斗后，转业到地方工作。

抗日战争期间，在我们党领导的革命根据地，活跃着一支又一支有组织的抗日儿童团队伍，他们帮八路军、武工队、民兵队、妇女队干了不少事情。那时儿童团团员们人人争当抗日少年先锋，大家感到做一名抗日儿童团团员很自豪，都会骄傲地竖起大拇指说：“我们是抗日儿童团团员！我们要当抗日的少年先锋！”

（本文选自《海南日报》）

活着的小英雄

文/丹　琳

在纪念中国人民抗日战争胜利60周年之际，我又一次来到了中国革命博物馆，在抗日战争馆里，又一次看见了那枚标有“晋察冀边区第二届群英大会”字样的银质奖章和佩戴奖章的两位抗日小英雄的合影。照片上一位小英雄的两个手指齐刷刷地短了一截儿，我想起当年抗日小学课本上的一段快板词：

当年的三位儿童团团长（从左至右）王醒民、丹琳、花江

小三郁，才十三，
民族气节模范；
五个指头被砍断，
三郁还是不开言……

1943年1月26日，抗日游击队的一个区小队住在河北省武强县前西代村温三郁家里。第二天，天还没大亮，村外响起了紧迫的枪声。告密的汉奸带着二百多个日军和伪军，包围了前西代村。游击小队转入三郁家的地道隐蔽起来，准备伺机出击。这时候，小三郁正睡得朦朦胧胧，被父亲推醒：“快醒醒，鬼子包围了村子，赶快和我一块把地道口盖严实！”

小三郁爬起来，连鞋都没来得及提好，赶紧跟爹爹跑到后院地道口，冲地道里的游击队叔叔们说：“放心吧，保证不会出差错！”等爹爹也进入地道后，他便封好地道口，并用土和柴火伪装在上面，看看和周围没有两样时，小三郁心里高兴地说：“小鬼子，你怎么也不会知道这里面藏着游击队的叔叔们！”接着便像什么事也没有发生一样，又回到屋里，躺在炕上装睡了。

然而，瘆人的枪声、日军野蛮的嗥叫和谩骂、老百姓的呼唤和孩子们的哭声，使整个村庄乱成一锅粥。小三郁躺不住了，他爬起来，趴在窗台往外看，一群日本兵已经闯进了他的家，并且在大门口架上了两挺机枪，把他家紧紧地封锁起来。

那群端着刺刀的日本兵挖地掘墙，翻箱倒柜，找地道口，却一无所获。恼羞成怒的日军把小三郁的母亲包围起来，厉声问道："八路军、游击队在什么地方？地道口在什么地方？说了，放你；不说，死啦死啦的！"

小三郁的母亲是位抗日积极分子，对日军这一套根本没放在眼里，还是冷眼相对，紧闭双唇不吱声。日军急了，用枪托打她。她忍住疼，只是摇摇头回答："我没见过八路军、游击队，我家没有地道口！"野兽般的日军挥起东洋刀，向她脸上砍去。她的脸立刻鲜血迸流，最后她晕倒在血泊中。

小三郁十分钦佩母亲，憎恨敌人。他咬紧牙关攥紧了双拳，怒视着向他扑过来的日本兵，同样高声道："不知道！俺家根本没有地道口，俺这里没有八路军和游击队！"

敌人欺他年幼好哄骗，便拿出糖果来诱惑他，他把头扭向一边。

汉奸翻译诈唬："你家有地道口，说出来没你的事，不说，用刺刀挑了你！"小三郁挺起胸脯回答得十分坚决："没有，没有，就是没有！"日本兵举起枪托没头没脑地打在他身上，他还是回答："没有，就是没有。"声音越来越高，越来越响。

日本兵的刺刀刺进了小三郁的胳膊，疼得钻心，鲜血流了出来，他依旧挺胸昂首说："没有。"

日本兵恶狠狠地刺一刀，问一句，一共刺了四刀，问了四次。小三郁忍住钻心的疼痛，斩钉截铁地回答了四个"不知道"使日军无计可施。被迫押来的老百姓都很震惊，心里赞扬他是位硬铮铮的抗日小英雄。

日军转过头来威逼全村的群众，妄想让他们说出地道口在什么地方，结果是枉费心机。

最可恨、可耻的叛徒，经不住拷问，指出了地道口。日本兵抓住小三郁的衣领，把他拽到地道口旁边，声嘶力竭地吼叫："你的，良心的大大的坏了的！你的死啦死啦的有！"举起东洋刀向他的头砍去，

温三郁（左）和小战友在边区群英会上

温三郁眼疾手快，用双手向头捂去，罪恶的屠刀砍去了他五个手指（右手二指，左手三指）。

万恶的日本兵仍不甘心，又举起了屠刀，正要再次向小三郁头上砍去时，游击队从地道里开枪了，打死了站在地道口的狗汉奸。趁日军一阵混乱之际，游击队冲出地道，与日军展开了激战，恰巧八路军赶来接应，里外夹击，日军仓皇逃跑了。

授予温三郁的银质奖章

小三郁和全村抗日人民一起掩护游击队的模范事迹和英雄气概，很快传遍了冀中平原。小三郁的故事还被编进了抗日小学课本，到处传诵。1944 年 12 月，晋察冀边区在峦头召开第二届群英大会，小三郁作为代表也参加了大会。

边区政府追溯他成长为英雄的根源，进一步了解到他的家是个抗日的家庭。父亲为抗日奔忙顾不上家里的事；哥哥是位游击队员；小三郁是儿童团团员，站岗放哨、搞侦察，拥军优属，事事走在前头。所以，他家便成了革命干部和游击队进行抗日活动的可靠的“堡垒户”。他们为了抗日活动方便、安全，便日夜兼程挖了这个地道。过往的八路军、游击队的叔叔们，可喜欢小三郁呢！给他讲打日军、保家乡、建立新中国的故事，还给他讲什么是共产主义理想呢！这样，在小三郁幼稚的心灵上播下了革命的火种。他见了叔叔们，摸摸枪，试试手榴弹，总想像叔叔们一样打日军去。有一次，他提出参加八路军。游击队叔叔们见他只有大枪那么高，喜爱地问：“人小志气不小！如果鬼子抓住你，问你八路军在哪里，你怎么回答？”小三郁握紧了小拳头，勇敢地回答：“不知道！”游击队的叔叔们抚摸着他的头：“好样儿的！长大一定是合格的八路军！不过，现在呀，你的任务是盖好洞口，伪装好洞口！”

小三郁用他的鲜血，实现了自己的诺言。

1944 年底，晋察冀边区群英大会上，边区政府授予温三郁“保持民族气节小模范”光荣称号，并奖给他一枚银质奖章。现在这枚奖章陈列在中国革命博物馆里。可喜可贺的是温三郁还活着，我们经常通电话联系。他属猴，七十五岁了，原先在天津染化五厂当工人，后为支援“三线”建设，到了兰州石化有机厂。虽然工作又脏又累，他却不言不语，踏踏实实，从没向组织提过任何要求。现在，每月有一千多元的退休金，他生活得很快乐！

（本文作于 2005 年，节选自《寻找儿童团战友》）

儿童团团长闫二小

文/丹　琳

相传白毛女的故乡是河北省平山县。平山县有个著名的西柏坡，是中共中央七届二中全会召开的地方，是革命圣地。毛主席的两个“务必”——“务必使同志们继续地保持谦虚、谨慎、不骄、不躁的作风，务必使同志们继续地保持艰苦奋斗的作风”，就是七届二中全会上发出的重要指示。胡锦涛同志担任总书记后，再次郑重地提出了这两个“务必”，使我们的党和国家继续向前发展。西柏坡还是“三大战役”，即辽沈战役、平津战役、淮海战役战略部署运筹之地。

平山县位于太行山东麓冀晋交界处。在与西柏坡遥遥相望的最大的山峰十里寨旁边，有个南滚龙沟村。据查，该村名取自“刘秀走国”的传说。相传汉光武帝刘秀未即位之前，因迫于王莽追杀，疲于奔命，饥饿冻馁，至此山高沟深，寸步难挪，不幸落入沟中。后刘秀称帝，贵为“真龙天子”，该沟也被改名为“滚龙沟”。该村因居沟南，取名“南滚龙沟”（居北的村称“北滚龙沟”）。

红色记忆

南滚龙沟村的儿童团团长叫闫富华，小名二小。村口有棵大黑枣树，是他和儿童团团员站岗放哨、盘查过路行人的哨位。

1941年秋天，日军进行“秋季扫荡”。9月16日，日军向南滚龙沟村突袭而来。儿童团团长闫二小派小伙伴们去报信，自己在哨位上监视日军的行动，不幸被日军捉住。

日军围住他，用刺刀逼他带路去寻找八路军。他假装顺从地带日军越过山沟、爬上山梁，最后把日军带到晋察冀军区聂荣臻领导的八路军埋伏的一个山头下，八路军的手榴弹、机枪、大枪一齐向日军开火，把敌人全部消灭。日军发现上了二小的当，要用刺刀挑他。他抱住日军，想与日军同归于尽，却因年纪小力气亏，没能挡住日军罪恶的刺刀，被挑下几十米深的悬崖，摔死在大石头上。

闫二小当时只有十三岁，他用花季的生命和鲜血，保护了隐蔽在附近山沟里的后方机关、干部和老百姓几千人，被抗日军民赞誉为抗日小英雄！

我们不能忘记他的名字——闫富华。

（本文选自《寻找儿童团战友》）

平山县闫二小雕像

长征中年龄最小的红军

文 / 吴明举

他的舅舅是开国元勋贺龙、姨妈贺英是歌剧《洪湖赤卫队》里韩英的原型……

他在娘肚子里就“参加”了红军，他的军龄却从七岁算起，因为七岁时他书写过沙场风流……

在成都市某军队干休所的小卖部里，一位耄耋之年的老人一边笑吟吟地递上购物者所需的香烟、食品等，一边噼里啪啦地拨弄着算盘珠子。彤红的夕阳软软地、亮亮地洒在老人微笑的脸上。

他就是长征途中最小的红军、共和国元帅贺龙的外甥、成都军区某干休所离休老干部向轩。

湖南桑植县城北郊有个“水绕三门，五龙捧圣”的河谷盆地——洪家关，它是共和国元帅贺龙的故乡，也是向轩出生的地方。

1926年，向轩的第一声啼哭与“贺英游击队”的枪炮声汇成了交响。他出生的当天上午，舅舅贺龙高兴地朝天鸣了两枪，然后弯腰抱起小向轩，轻轻地、柔柔地亲了一口他鲜嫩的脸蛋……

他的母亲贺满姑（贺龙的姐姐、贺英的妹妹）怀着他时就一直跟着姐姐贺英驰骋疆场，直到他呱呱坠地也没停下征战。

都说“兵家儿早知刀枪”，向轩三四岁时就能操起手枪“叭叭”射击。他常常偷出舅舅或姨妈的手枪瞄着树开火，把笔直的树干打得满是窟窿。

看到小向轩是块扛枪当兵的料，贺英和贺龙闲时就手把手地教他使枪。

那晚，游击队投宿洞长湾。突然，一声枪响打破凌晨的静谧。贺英提枪冲出门，一颗子弹打中了她的右腿。贺英跪在门边依然双枪向敌人还击。

“贺寡妇在高头，抓活的！”向轩听到敌人边吼边开火，便急忙向贺英靠拢。

喷火的枪口，把贺英暴露给了敌人，敌人又是一阵扫射，贺英胸部、腹部连中数弹，扑倒在地。

年仅七岁的向轩忙去扶姨妈贺英，但怎么也扶不起来。“快……快走……去找大舅（贺龙）报仇……”贺英把沾满鲜血的两支手枪和四块银圆塞给了向轩，用最后的力气推了向轩一把：“快走！”

懵懵懂懂的孩子从山背后的竹林穿过，去找贺龙和红军。此时的他其实根本不知道贺龙在何处，只知道，贺龙在大山那边。

向轩跑着跑着就跑不动了，腿像灌了铅似的又沉又痛。他摸摸右脚脖，脚脖处黏糊糊的——子弹打穿了他的右脚脖，他倒在血泊中……

事后向轩才知道，是农会委员许璜生叛变投敌，向团防覃福斋密告了游击队住处，引来一百多人的团防大队偷袭。姨妈贺英和几个没来得及转移的赤卫队队员都被敌人杀害了。

女赤卫队队长贺英壮烈牺牲在洞长湾，用青春和生命谱写了一曲壮歌——《洪湖赤卫队》。后来，新西兰作家路易·艾黎第一个向全世界报道了洪湖赤卫队。

终于，向轩跑到三军军部，向贺龙军长哭诉了姨妈贺英血洒洞长湾的悲壮一幕。接过向轩递上的两支手枪和四块银圆，贺龙“吧嗒吧嗒”抽着闷烟，连同悲愤一起“吸”进心底。

当年，贺龙的家族中对贺龙支持最大的就是贺英。她曾对贺龙说：“带队伍

向　轩

英不如龙。可你没有队伍，我把队伍交给你吧……”而如今，大姐牺牲了，这对贺龙的打击太大了！他强压着悲愤和怒火，向在场的廖汉生等人说：“横竖革命到底！为他们报仇！我们回去招人、搞枪，把游击队重新搞起来，与那帮坏家伙干到底！”

向轩叫姨妈为“贺英妈妈”，还得从向轩一岁零三个月大时发生的事说起。当时妹妹金枝才五个月大，哥哥向楚才也很小，他们和母亲贺满姑一道被敌人抓进监狱，不久母亲就被国民党以极刑杀害。敌人要斩草除根，再杀死三个孩子。孩子们的生命危在旦夕。向家人连同贺龙、贺英等决定实施营救。那天夜里雷雨交加，“双枪女英雄”贺英用两家凑的钱买通看守后，从监狱里救出了向轩、向楚才和金枝……

一岁多的向轩在监狱里被折腾得不成样子——稚嫩的脸变得又黄又黑，衣服上糊满了屎尿，一双赤脚糊满了泥巴，两手黑得如乌鸦的爪爪……

“大姐，你没娃娃，把他给你吧！”一天，贺龙对贺英说。向轩从此跟着贺英，一同吃住，一起打游击，喊贺英“妈妈”。

如今，母亲贺满姑牺牲了，养母贺英也牺牲了，七岁的向轩只好跟着贺龙，加入“红小鬼”的行列。

长征途中，他实在走不动了，才在“马背上长征”。队伍歇息、野炊时，向轩卷起肥大的袖子，又是扫地，又是择菜，一点儿没累的感觉。

战争冶炼着向轩的青春和勇气，少年的无知、怯懦逐渐被硝烟融化，沉淀的是无畏和顽强。

向轩是红军队伍里最小的兵，也是一个最特别的兵。不是因为贺龙是他的舅舅、贺英是他的“妈妈”，而是因为他在娘肚子里就可以算作红军了，而这么算军龄，又没什么依据。中华人民共和国成立后，成都军区与解放军总政治部有关部门最后决定：向轩的军龄从七岁算起。因为七岁时他已血战沙场，光荣负伤，并屡建功勋。

行军时他总是以步当车，实在走不动了才骑上马，总是把马让给辛先柱等小战友们骑。三个孩子伙用的马，最初向轩骑得最多。逐渐地，向轩成了走路最多的一个。

“服务管理处的文书没人干，你去吧！”贺龙欣喜地“提升”渐渐懂事的向轩。

“当文书，我这点文化吃不消，还是让我去警卫连当班长吧。”当时连自己名字都不会写的向轩就一边当班长，一边给自己“充电”。他从陕甘宁边区中学的附小，一直学到延安抗大。

（本文选自《解放军报》，有删节）

小红军的故事

口述 / 余少君　整理 / 余建平

黟县教育界的老前辈、退休教师余少君，是宏村镇梓坑村人。解放初期，黟县共有中小学教师一百零八人，俗称“一百零八将”，他便是其中之一。

余老师曾任教宏村小学、横岗小学、洪星小学，并担任过泗溪中心小学校长，在黟县教育界颇有名气，但也许没有人了解他当年还曾是一位小红军的经历。

故事发生在 1937 年前后，那时他才十多岁。他母亲叫吴牡丹，长得和牡丹花一样娇艳，中等个儿，苗条身材，双眼皮，樱桃嘴，瓜子脸蛋，白里透红。她爱穿着，看上去就像一位贵妇人。他的祖母看不惯儿媳妇，经常为小事斗嘴。少君的父亲在江西九江“益和隆”南杂店做生意。

有一次，他祖母和母亲斗嘴，吵得很凶。吴牡丹就带少君和少君的小妹妹一起出走到九江去。牡丹备了轿子，母子三人坐轿从梓坑村出发，翻过羊栈岭来到太平县地界岩前司。当时大批部队驻扎在这里，有士兵在路上站岗放哨，他们发现有人乘轿而来，吆喝停轿，少君母亲领着少君和小妹妹下了轿。哨兵看见少君母亲的打扮很像一位阔妇人，二话没说就把他们母子三人带到部队军部审问。他们一看这些军队士兵个个穿着一样，青布军装，头戴八角军帽，顶

上一颗红星闪闪发光。军部设在岩前司老百姓住宅后院，大门两边有士兵站岗。一位军部首长把少君母亲上下打量一番，问从哪里来，到哪里去，做什么事的。少君母亲照实说，这位首长还是不相信，又上下打量少君母亲和少君他们母子三人。这时从屋外走来一位端茶送水的士兵。这位士兵看到吴牡丹和少君忙问："你们怎么到这儿来了？"

原来这位士兵认识少君和牡丹。他叫汪忠发，家住观音山，以烧炭谋生，经常挑炭到梓坑、宏村卖。有时他还帮牡丹从宏村买些日用品回来。首长问这位士兵，这位士兵把牡丹和少君的情况告诉首长。首长当即给少君母亲端来茶水，招呼坐下喝茶说："我们以为你是国民党派来的奸细，现在你们不是了，就留在我们这儿。我们是中国工农红军，是革命队伍，人民的子弟兵，是为穷苦百姓谋幸福的。"首长又摸摸少君的小脸蛋说："小朋友，从今天起，你就是小红军了。"

余少君母子三人就留在了红军队伍里。少君母亲吴牡丹在部队里照顾伤病员，给士兵洗衣服，小妹妹跟妈妈在一起。少君编在儿童团的队伍里，部队发给他一枝红缨枪和一把小匕首。儿童团有二十多人，都是部队家属的孩子，他们在大人（士兵）的带领下，练队形、练跑步、练吹号和练胆量。有一次，带队的士兵，命令他们去执行任务。少君他们不知道是什么任务。在儿童团里他年龄最小，那位士兵见他跑不快，就背着少君到村头"田埂"上去。那里人群黑压压的，站着许多围观的群众。原来，红军抓到一个顽固不化的国民党奸细，准备就地正法，当众枪毙。少君看见怕得要命。这位士兵对少君说："小同志，不要怕，对于坏人你不杀他，他要杀你，杀了他才叫为老百姓报仇雪恨。"这位士兵话刚说完，从人群里走出一位十五六岁的儿童团团员，手持大刀来到被五花大绑跪着的国民党奸细面前说："奸细，你与人民为敌，今天就是你的下场。"说着手起刀落，奸细人头落地，身子倒在血泊里。其他儿童团团员和老百姓拍手欢呼，叫着"杀得好"。

少君在红军队伍里待了两年。他们随红军转战太平、青阳、贵池、东至、石台、祁门等地。据说一次红军与白军交战中，红军损失惨重，为了保存实力，红军调整队伍，决定把一部分跟随红军而来的群众，劝退回家乡。少君和他的母亲、小妹妹被通知当天回家。少君母亲牡丹向首长提出，想留在部队里。首长说："这是命令不能更改了，只能执行。"牡丹说："我们回家的路，都不知道怎么走了。"首长说："这个你放心，我们派人送你到黟县。"说着首长招呼一位化装成山民的红军挑着一担稻箩来到少君母子三人面前，首长说："把他们母子三人从祁门走西武岭，再走三都二都送到黟县雉山，那里有我们的人，一路注意安全。"那位红军敬了一个军礼说："首长放心，保证完成任务。"于是小少君和小妹妹坐在稻箩里，那位红军战士挑着稻箩和少君母亲一起来到雉山叶村他姑母家。第二天，少君和母亲他们三人回到下梓坑。家人见面皆大欢喜。

很久很久以后，少君和少君母亲都还时不时沉浸在往事里……

（本文选自安徽文化网）

转战九万里的新安旅行团

文/左　林

1945年10月，新安旅行团成立十周年在淮安合影

新安旅行团（简称“新旅”）成立于1935年10月10日，是中国共产党领导下的，由伟大人民教育家陶行知创办的新安小学基本学生组织起来的一个宣传抗日救亡的少年儿童团体。从江苏淮安出发，途经全国二十二个省、市，行程五万多里，为争取抗日战争和解放战争的胜利，做了大量卓有成效的工作。前后参加新旅的团员有七百多人，培养出了一批人才，在国内外产生了很大影响。

五十元旅行全国宣传抗战

1933年秋，江苏淮安新安小学七名基本学生组织了一个新安儿童自动旅行团，到镇江、上海旅行了五十天。他们在国难当头之时，到民族解放斗争的漩涡里去接受实际的教育和锻炼，在社会实践中，宣传救亡，增长才智。

在上海，他们亲眼见到帝国主义的租界里，英国兵、日本兵、法国兵耀武扬威，欺压中国人；巡捕随意殴打和抓捕中国人。他们还听说外滩公园门口竟挂过“华人与狗不得入内”这种侮辱中国人的牌子。他们参观了一些工厂；到棚户区去了解工人的生活情况，接受工人的教育；到吴淞口、炮台湾凭吊一·二八战场；还和报童们一起上街卖报；又到大、中学校去演说，在报上发表文章。

陶行知先生热情支持新安儿童旅行团，每三四天就到他们住处和他们交谈，进行教育。上海文化教育界也热烈欢迎他们。陶行知在《普及现代生活教育之路》一文中说：

新安儿童自动旅行团来沪，不但在中小学演讲，而且在大夏、光华、沪江各大学演讲。我向一位大学教授问，小孩子们讲得如何？他说：“几乎把传统教授的饭碗弄得有些不稳。”虽然是千古奇闻，但确是铁打的事实。

陶行知还在给新安小学校长汪达之信中说：

儿童旅行团来，大家都欢喜。我以小工人之礼待之……你要我估一估儿童旅行团的价值，这是新时代的无价宝，姑且定它万万万万万金元吧！这样伟大的宝藏，世界上谁也没有，却为新安所得，使福特、摩尔根辈见着未免要生小巫见大巫之感。新安不敢视为己有。好，如果你讨厌黄金，那么请我唱吧！

题儿童旅行团

一群小光棍，点点有七根；
小的是十岁，大的未结婚。
没有先生带，父母也不在；
谁说小孩小？划分新时代！

儿童旅行团实践的成功，使得汪达之深思一个问题：国难当头，不能在学校死读书，坐等当亡国奴。学校教育要和形势、社会联系起来，应该走出校门，再组织一个旅行团到全国去宣传抗日救亡，让学生们在民族解放斗争的大风大浪中经受教育和锻炼。他将自己的想法和上海生活教育社、上海左翼教师联合会的中共党支部的丁华、王洞若、张宗麟、张敬仁、刘季平、孙铭勋、戴白韬等同志谈了。他们都热情赞成，尽力帮助他实现这个愿望。

陶行知先生把安葬母亲的一笔人寿保险费五百元捐献出来，作为新安旅行团的筹备费用。汪达之用这五百元，并得到吴耀宗、黄炎培、吴蕴初等先生的帮助，买了一个旧电影放映机，一个小型汽油发电机，又从明星、联华影片公司弄来了《一·二八抗战纪实》《民族痛史》《抵抗》等进步影片，还通过音乐家任光弄来了《义勇军进行曲》等唱片、扩音机、幻灯机等。这就是新旅的宣传工具。

1935 年 10 月 10 日，新安旅行团成立了，团员十四人，顾问是汪达之。这天清晨，大家穿上白色衬衣，蓝色工装裤，肩背挎包，脚穿草鞋，在顾问带领下，进行了宣誓：“××× 志愿参加本团生活，誓以忠诚谋团体生活发展，为‘生活教育’努力，为民族生存奋斗！如有违反团体生活，不忠于团体生活行为，愿受团体严厉制裁！此誓。”

这一行十五人，在群众热情欢送、《义勇军进行曲》的歌声和蒙蒙细雨中，携带仅有的五十元和宣传工具，登上淮安西门外的运河小轮船。他们雄心勃勃，就是饿肚皮，也要到全国去宣传抗日救亡，在社会实践中接受教育。

心中有志向　临危不惧

新旅先到南京，住在安徽公学的一

间仓库里，里面没有床，团员们只能睡在地上，地面阴冷潮湿，然而团员们没有一个嫌艰苦。

一天，他们去拜访南京市市长马超俊。开始马超俊拒绝会见他们，顾问汪达之再三请副官转告，希望与市长谈谈。马超俊勉强走进会客室，气呼呼地说："你们小孩子不在学校读书，跑出来干什么？"

汪达之平心静气地阐述了新旅的宗旨。

马超俊蛮横地打断说："回去，赶快回去！"

汪达之耐心地讲："国难当头，我们遵从孙中山先生的遗嘱，唤起民众共赴国难。"大家也随声附和地说："国家兴亡，匹夫有责。目前救国比读书更重要！"

马超俊显出十分傲慢的神态："救国？关你们小孩子什么事，救国是大人们的事，你们懂得什么！"

新旅的徐之光冷静地说："九一八事变，日本占领了东三省，现在又在进攻华北和内蒙古，妄图把华北变成什么'自治区'。东北三省的民众都当亡国奴，小孩子成了小亡国奴。小孩也有救国救亡的责任。"小同学们都坚决表示："我们要救国，绝不当小亡国奴！"

马超俊没有想到他会被驳斥得无话可说，显出尴尬惊讶之色，背着手，不停地来回踱步。汪达之为了缓和气氛，又重申了孩子们是出于爱国之心，希望能得到政府的支持，到全国去唤起民众共赴国难，抗战救国。

"蒋委员长早已安排好了，'先安内，后攘外'。现在国内匪乱未平，要打日本，三天就亡国。你们小孩什么也不懂！"马超俊跺着脚，"我不跟你们辩论，你们都给我回去，马上滚回去！"说完就气冲冲地离开客厅。

马超俊的无理威吓，并没有吓倒新旅团员，反而使他们更深刻地看清楚国民党大官的嘴脸。

汪达之又找了一些熟人，设法去见国民党政府的教育部部长，也吃了闭门羹。

此时，他们经济上也发生了困难，喝稀饭、啃烧饼的日子也难以维持了。但是团员们都表示，就是饿肚子也要坚持宣传抗日救国，决不退缩。汪达之又去上海，找了陶行知先生和国难教育社的丁华、王洞若等，他们都表示愿意大力协助。邹韬奋将他主持的生活书店里的书刊交给团员们去出售，陶行知也把《日本帝国主义侵略中国史地图》《世界各帝国主义侵华史地图》等一百套地图交给他们去出售。汪达之将这些带回南京，新旅团员十分高兴，迅速到南京的大、中、小学讲演、宣传、出售书报。

一天，新旅团员去会见了冯玉祥将军。当时他闲住在紫金山蒋介石的别墅里，只有一个"军事委员会副委员长"的空头衔，没有任何实际权力。冯玉祥接见了新旅团。一见面，使团员感到新奇的是，冯将军身穿青色土布棉袄裤，土布带扎着裤脚，脚穿一双黑土布棉鞋，这哪儿像国民党的远近闻名的大将军啊！

冯玉祥热情地和他们一一握手，请他们吃饭。桌上摆着大头菜和小米粥、馒头，大家吃得很高兴。冯玉祥说："我早就听说你们是一群有志气的孩子，今日特地请你们一起吃早饭，像这样的早饭，一般老百姓还吃不上呢！"

汪达之说："谢谢副委员长，您为了

抗日，为国为民，劳苦功高……”

冯将军的脸色阴沉下来，气愤地大声说：“什么副委员长！我连一支枪都没有，一个兵也指挥不动！”他接着说：“日本军阀是老蒋的干爹，他把半个中国都送给了他们。四万万同胞，被欺侮得连狗都不如了！我支持你们到全国各地去，唤醒民众，共同起来抗日。不然，我们要沦为亡国奴了。你们面前困难还很多，如果没有勇气，没有吃苦精神，就寸步难行。你们无论到哪儿，我的部下都会尽力帮助你们。”

1936年10月，新旅乘火车来到江苏松江，一下火车，只见车站上一步一岗，戒备森严。当团员们将行李搬到站台时，一群警察蜂拥而来，不准他们下车，命令他们马上回到车上去。团员们坐在行李上不动，说：“为什么不准我们下车？”警察说：“我们奉命不准新安旅行团下车！”张杰站起来说：“中国的地方，为什么不准我们中国人下车？”警察说：“你们宣传抗日，松江怕麻烦，所以不准下车！”警察们动手赶团员们上车，但团员们坚决不回到车上去。火车启动开走了，警察也无奈离开了。

新旅来到松江民众教育馆，住在一间黑暗潮湿的房子里。第二天，国民党松江县党部又派人来让他们尽快离开。汪达之和两名团员去见县党部的书记。汪达之谈了新旅的主张和活动目的。书记说：“救国不关你们小孩的事，还是回去读书吧！”汪达之说救国不分大小。书记说：“松江不找这个麻烦，不许宣传抗日救国。”汪达之最后将一个题词本翻给他看。书记一见上面有江苏省主席和教育厅厅长的题词，还有冯玉祥、马相伯等名人的题词，态度缓和下来，不再下逐客令了。题词是汪达之想出来的一个有利于新旅做宣传工作的方法，没有想到竟起了这么大的作用。

参加北上慰劳抗日军队

1936年冬，日本侵略者和伪蒙军占领了绥远战略要地百灵庙。绥远省主席、三十五军军长傅作义，于11月23日夜，发动收复百灵庙的攻击，经过七小时的激战，将敌军击溃，收复了百灵庙，给日本帝国主义一次沉重打击。全国人民喜气洋洋，纷纷支持这次抗日战斗。

由中共北平地下党黄文山（黄敬）、江陵等倡议，又特地到上海进行动员，上海各界很快组织了“上海妇女儿童绥远前线慰问团”，以电影明星陈波儿为团长，电影导演崔嵬为艺术指导，以及上海四名妇女代表，新旅左林、曹维东、张早为上海儿童代表，于1936年12月前赴绥远慰问。

慰问团首先来到北平，各界热烈欢迎，掀起了支持绥远抗战的热潮。北平各大学一百多名大学生参加了慰问团，一起到绥远百灵庙前线慰问。在绥远，慰问团受到傅作义将军热情接待。傅作义表示“守土抗战是军人的责任，敌人再敢侵犯，坚决抵抗”。慰问团冒着零下二十摄氏度的严寒到百灵庙，代表上海人民向抗日将士致敬，演出了《放下你的鞭子》等剧，演唱了抗日歌曲。

1937年春，应上海文化界的要求，以新安旅行团为主体，组织了“上海文化界绥远前线慰问团”，由吕骥任团长，汪达之任副团长，从上海经北平去绥远慰问。3月16日，傅作义在绥远大校场举行追悼阵亡将士和祝捷阅兵大会。慰问团被邀请坐在主席台边的来宾看台上。开会之前，国民党副总裁、亲日派总头目汪精卫也来了。原来他是想借机压制傅作义的抗日行为。

慰问团的新旅团员在大会上宣读了上海文化界致绥远前线抗日将士书，向傅作义献上了银盾、锦旗和慰问品的清单。傅作义在讲话中说："百灵庙的胜利，只是胜利的开端，要取得最终的胜利，还需要做更大的努力！"

傅作义当着汪精卫的面，讲要取得最终胜利，表达了他的决心。如果不是声势浩大的上海慰问团到来，这台戏的主角就要由汪精卫来唱，讲出另一套妥协、投降的调子来了。

1937年2月，中共北平地下党组织在三座门的念一卢公寓建立了一个地下联络站，由黄文山（黄敬）、江陵同志领导，要左林、张早两个少年留下在联络站工作。他们经常在深夜一两点钟骑着自行车到工厂去校对党的刊物、宣传品和文件。江陵规定了一条纪律，除了要他们送的信件外，工厂印刷品，一份也不许放在身上。

一天，黄文山、江陵对左林、张早说："交给你们一封信，要亲自交到斯诺先生手里，还要他写收条。这封信很重要，千万不能丢失。"他们找到斯诺住的地方，想不到斯诺是一个外国人。斯诺拆开信，看完了，拍着他们肩膀，又拉着他们手说："告诉黄先生和江先生，我一定会做到。"

北平空气突然紧张起来，纷纷传说日本增兵，要发生非常事件了。7月4日，新旅总干事徐之光忽然到了北平。黄文山、江陵对左林和张早说："明天你们就走，我们感谢你们做了许多工作。现在北平很紧张，我们要徐之光来接你们走。"左林、张早不愿走。江陵坚决地说："日本要闹事，北平不安全，我要对你们负责，一定要马上离开北平。"果然不出所料，他们还未赶到在绥远临河县（今临河区）的新旅大队，七七事变就爆发了。

1946年，左林、张早在淮阴又见到了斯诺先生。斯诺说起这回事："你们知道为什么那是一封重要的信吗？现在不是秘密了。信上说邓颖超女士病了，要我设法接来北平治疗，这件事我办成了。"斯诺先生见到新旅的同志很高兴，特地到新旅住处，为一百多名团员拍了新闻影片。

武汉失守前两天才撤离

1938年夏，日军集中大量兵力进攻武汉，保卫武汉的战斗激烈、紧张地展开了。正在西安的新旅要求赶去参加保卫武汉的战斗，得到八路军西安办事处林伯渠同志的支持。他们冒着危险，乘火车夜间通过日军在对岸用大炮封锁的潼关赶往武汉。

一到武汉，新旅就和抗敌演剧队、抗敌宣传队、孩子剧团等一起参加了纪念抗战一周年的宣传活动和为抗战一周年举行的献金活动。新旅在街头和剧院演出秧歌、舞蹈、民间小调和相声等，特别受欢迎。他们还冒着敌机轰炸的危险，到部队、农村去宣传演出，教他们秧歌、舞蹈和歌曲；到前线慰问抗日将士；到保育院教唱歌。

正当新旅活跃在保卫武汉的战斗中，国民党军委会政治部主任陈诚，提出要取消新旅名称，改编为宣传队。新旅坚持不接受改编。陈诚放出消息，说要下令解散新旅。但由于新旅的社会影响较大，陈诚一直未敢下令。

许多著名人士纷纷支持新旅。担任

1949 年 8 月 1 日，上海逸园跑狗场“建军节纪念大会”

军委会政治部副主任的周恩来同志几次找新旅同志到八路军办事处谈话，鼓舞新旅斗志，并指示：新旅的津贴要坚持由政治部出，新旅的独立性要坚持到底。

为了扩大影响，坚持斗争，新旅举行了成立三周年茶话会。许多文化界、新闻界人士参加了茶话会。刚从美国归来的陶行知先生也从百忙中赶来参加。田汉等同志讲了话。当请“太老师”陶行知先生讲话时，陶行知先生说：“我不是你们的太老师，而是你们的太学生，因为你们向工农学习，我要向你们学习。”他还当场作了两首诗《小好汉》《三万歌》送新旅。其中一首是：

人从武汉散，
他在武汉干；
一群小好汉，
保卫大武汉。

茶话会进行到一半时，邓颖超同志匆匆赶来。她说：“周恩来同志本来要来参加你们的会，但因临时有事来不了，我特地赶来参加你们的活动。”她热烈祝贺新旅在三年中取得的成就，号召大家支持新旅。她即席送了一首诗，其中两句说：“你们走过了三万多里路，我也走过了二万五千里！”

到了 8 月，武汉更加危急了。新旅一分为二，总干事徐之光及童常、张平、范政等组成武汉工作队坚守武汉，其余一半人由汪达之率领去长沙。新旅武汉工作队做了大量宣传工作，日军侵占武汉前两天才撤离武汉。

从 1942 年开始，新旅在苏中、苏北做了大量的宣传、演出工作，还组织少年儿童团，以及编辑出版工作。新旅团员也发展到一百多人。他们经常演出话剧、歌剧、舞剧，及秧歌和歌咏，还组织农村剧团、秧歌队。他们经常派出工作组到各县、区去培训儿童团干部，组织儿童团，超额完成了刘少奇、陈毅同志交给的任务。村村都建立了儿童团，县、区、乡都建立了团部，盐阜区组织了十八万多团员，并成立了盐阜区儿童团总团部。全区涌现出许多抗敌小英雄。他们还编辑出版了《儿童生活》《华中少年》《儿童画报》等刊物。

（本文选自中国共青团网，有删节）

女战士李敏十二岁出生入死

文/萨　苏

将军身边的"小鬼"

见面的时候，我忍不住打量这位曾在周保中将军（东北抗联著名军事指挥者和卓越领导人之一）身边的"小鬼"。东北抗日联军全盛时达到数万兵力，但能够在1945年杀回黑土地，血祭军旗的，不足两千人，连两任司令官杨靖宇、赵尚志都先后战死沙场，战斗之惨烈可见一斑。

李敏1936年参加抗日联军时只有十二岁，先后在第三路军第六军被服厂等部队工作。在抗联大部队陆续失败的情况下，她与战友一起撤入苏联境内，编入抗联战士组成的第八十八旅，后于1945年随苏军杀回东北。她的丈夫陈雷，也是东北抗日联军著名的神枪手和英雄人物。

据其他抗联老战士提到，李敏以动作灵活著称，否则，也不可能在锅盔山战斗中突出日军的重围。

靠抓老鼠吃活了下来

访问老人，一方面，请李敏谈谈抗联当年的战斗生活；另一方面，我在日本找到一批日军拍摄的、与抗联有关的老照片，想请李敏鉴别一下。看得出来，这批老照片吸引了李敏的注意力，她一页一页翻看，不时流露出激动的情绪。

原来，李敏隶属于东北抗日联军第六军，这批照片中反映的宝清等地，正是第六军和第六军的友军第三军活动的

区域。1938年秋季大讨伐的时候，虽然三军、六军主力西征，但李敏却是在留守的部队。

1975年，原东北抗日联军部分老同志在北京相会（前排右起第二人为李敏）

也许是因为这些因素，这批照片让李敏感到特别亲切吧。她指着照片中的密营告诉我们，那就是他们的营地，窗户下面的几根木头突了出来，他们当时把它叫作“木棱子”。她同时辨认出其中一名牺牲的抗联军官，极似她的老上级——第六军一师政治部主任徐光海，他们是一个村里面出来的（日军笔记中记为“第六师参谋长×海×”），而且回忆起后来敌人把徐光海主任的头砍下来，挂到了县城里。李敏参加了那一次战斗，她称为1938年冬的锅盔山战斗。在那次战斗中，她回忆有三名男战士、四名女战士被日军俘虏（根据后来的记载，均被残酷杀害）。李敏是那次战斗中的幸存者，她从重围中突出去，好像只有十三岁（也有材料认为十四岁）。

李敏回忆，这一战短兵相接，抗联突围很艰难，敌人用刺刀，我们用枪托。因为抗联的捷克和俄国造步枪上大多没有刺刀，有一种扁的，敌人穿冬装的话扎不进去（他们还用过德国造的步枪，四种枪四种子弹，都不通用，以至于有的时候一个抗联战士背几杆枪，为的是能把所有子弹用上）。直到后来缴获了一些日本步枪，才有些刺刀。

突围后，李敏靠抓老鼠吃活了下来，找到部队。她回忆后来曾重新回到锅盔山战地，在雪地中发现了徐主任的遗体，只有身体，没有头。于是，他们火葬了战友，继续前进。有些说法认为他们没有回到原来的战斗地点，这是不确切的。事实上，包括八女投江（1938年10月，以冷云为首的东北抗日联军八名女官兵，为掩护大部队突围，与敌人背水一战至弹尽，集体沉江，壮烈殉国）的部分战士遗体，抗联部队后来都曾发现并收殓。

关于抗联的军装，她回忆，抗联不但穿苏式军服，而且有晋衔条例，颇为正规。

（本文选自《河北青年报》，有删节）

抗日烽火中的童年

文 / 谢钟若

我的家乡潮州是一座古老而美丽的文化名城，由于唐朝的大政治家和大文豪韩愈曾经在那里任刺史而扬名神州大地。那里的老百姓长期过着太平的生活。但到了 20 世纪 30 年代，因为日本帝国主义对中国的疯狂侵略，潮州人民和全国人民一样，被抛进了苦难的深渊。

1939 年，我大约六岁，在母亲任校长的一所小学读一年级。那时，抗日战争已经全面爆发，日军加紧向华南逼近。日本飞机常常来潮汕一带轰炸骚扰，我们只好经常“走飞机”，跑到郊外去躲避。每当凄厉的空袭警报一响，母亲就带着我赶紧往近郊的旷野山林里跑。记得有一天，我们疏散到西郊火车站附近，刚好碰到日机炸火车站，亲眼看见炸弹从飞机翅膀扔下爆炸，“轰”的一声巨响，大地就抖动起来。机枪扫射时“嗒嗒嗒”的声音也听得十分清楚。那时我们正躲在一棵大榕树下，树干的底部有一个大树洞，母亲就把我藏在洞里，自己坐在外面准备挡弹片。我在树洞里头只听见大人们在说：“投弹了！投弹了！”“又一个，又一个！”等到解除警报后，我们才从躲避的地方出来走回城里。

在这段时间，民众的爱国心和抗日情绪非常高涨，经常举行各种抗日救亡活动，全城各界人士都积极参加。有一次举行抗日大游行，成千上万的群众走上街头表示抗日的决心和意志。我年纪虽小，也和高年级的大哥哥一起，高唱着《义勇军进行曲》，走在学校队伍里面。等到回家时，我才发现自己的脚都走肿了，但内心仍然十分兴奋。还有一次是参加献金大会。在离我家不远的一个广场上，主办者搭了一个献金台，许多人热情地上去发表演说和捐献现金或金银首饰作为抗日的军费。我在母亲的鼓励下，也鼓足勇气走上台把平时存放零钱的钱罐捐献了。

随着日军侵华的步伐不断加快，潮汕最终还是沦陷了。1939 年的端午节，一早就传来日军在汕头登陆的消息，全城马上动荡起来。我们和外祖母一家决定马上步行到离城十多公里的二舅母的娘家去避难。我们出走时只带上几件替换衣服和一点细软，其他东西一概扔下。那时天气已经很热，烈日在头上猛晒着，天上不时有日本飞机盘旋扫射。每当敌机俯冲发出令人恐怖的呼啸声时，我们吓得血液都快要凝固似的。我们和其他逃难的人们一样，敌机来了就扑到路边的草丛里，敌机走了就爬起来赶快跑。有时还要走过水田和爬山。一路上饿了没东西吃，渴了没有水喝，人人都拖着疲乏的身子，精疲力竭地一步一步往前挨着走。城里人哪里受过这样的折磨，真是苦不堪言。就这样折腾了一天，到

天黑我们才抵达目的地。

我们在那里住了几天，听说日军已进了城，很快就会到乡下来。于是我们又再次出走去投奔离城更远的白莲村的另一家亲戚，在那里又住了三个月。后来在蕉岭县经商的二舅父接到消息后马上赶到白莲来接全家去蕉岭，从此开始了抗日烽火中六年的异乡岁月。

从 1939 年的秋天到 1942 年的夏天，我们在蕉岭县的新铺镇居住。1942 年的夏天，我们举家搬到蕉岭县城，开始了三年的蕉城生活。

在蕉岭城住下来不久，母亲开始到蕉岭县妇女会上班，每月领两斗米（大约四十斤）的实物工资，勉强够维持母子生活之用。我则到当时蕉城的城北小学（现在叫蕉岭县第一中心小学）去读书。那时客家地区的小学教师生活极为清苦，吃的饭是各人用草编的饭袋装着大米，然后一起由厨房工友放在一个大锅里用水煮熟的。这种草饭袋用久了会有酸味，里面的饭也跟着发酸，很难吃。吃的菜是学校规定由各班学生每天轮流送来的，有多少个班就有多少把菜。学生送的一般都是季节菜，有时一连几十天都是芥菜或苦麦菜，吃得老师们清口水直流。轮到我送菜时，虽然我家也很穷，但母亲一定要买一斤牛肉或猪肉搭配上一把芥蓝菜或茭笋自己亲自送去。

那时我们为了节约，晚上点的是豆油灯。说是灯，其实就是用一个小碟子装着豆油，放上根灯芯草点上火就是了，真的是“一灯如豆”。有一天晚上，功课没做完，但油却用完了。没办法，母亲只好拿樟脑油来代替，可是樟脑油挥发性强，一点上火整碟子油马上烧了起来，很快就烧完了，还把碟子熏得黑黑的。因为妈妈的那一点工资仅够糊口之用（而且三餐不能全吃米饭，每天中午我们吃的都是蒸地瓜），平时上学我都是赤着脚，学校举行什么大庆典时才穿上制服和自制的布鞋。

然而，我们的精神生活却十分丰富。在抗战期间，学校生活中充满了抗日的精神。老师在课堂上经常向我们进行爱国和坚决抗日的教育，我们的年纪虽小，但都痛恨侵略我国的日军，希望自己快点长大，好上前线打日军。我们的音乐课，教的都是抗日歌曲，例如《大刀进行曲》《保卫黄河》《救国军歌》《到敌人后方去》等，我们都会唱。

1945 年春夏之交，传来德意日法西斯就快失败的消息，街上到处挂着中英美苏四大同盟国的国旗和“V”字，表示反法西斯战争就要胜利了。大家都迫切地盼望这一天快点到来。8 月中旬的一天半夜，突然全城响起了炮仗声和敲打脸盆、铁桶、垃圾桶的声音。发生了什么大事？原来是日本投降了。真是太令人高兴了！大家都跑到街上去看热闹，自发地进行庆祝，闹了很久才回去睡觉。大概杜甫当年“剑外忽传收蓟北，初闻涕泪满衣裳”也就是这种感觉吧！

抗战胜利了，日本投降了。中国人民胜利了，我们不知有多高兴。到了 1945 年年底，我和母亲结束了六年的逃难生活，深情告别了蕉岭，告别了城北学校的老师和同学，回到阔别已久的故乡潮州，开始了战后的新生活。

（本文选自《广东第二课堂》）

抗日战争中的宁夏少年战地服务团

文／李广庆　胡明山

1936年西安事变后，在北平、西安等地上学的爱国青年回家乡后带来了外地的抗日信息。这时，外省的一些进步教师、学生也纷纷来到宁夏，他们有的是应聘来宁夏教书；有的是取道宁夏，奔向革命圣地延安寻求革命的真理。他们在宁夏传播抗日救国的思想，使平静的塞上边城燃烧起抗日的烽火。

1937年春，宁夏省立实验小学也从山西太原聘请了青年侯亦人（现名杨文海）来校担任教导主任。这位教师满怀着抗日的热情和对国民党统治的不满，在宁夏省立实验小学校长贺自正的支持下，大力开展了抗日爱国宣传活动。在校内，他首先向涂春林、郝法清、李志纯、李有桢、饶钰馗、钱钺、杜子英、宋谦等进步师生传递外省抗日信息，得到了他们的支持与协助。在课堂上，他们结合教学，给学生讲述全国的抗日形势，揭露日军的侵略罪行，教唱抗日救亡歌曲等。在课外，他们实行每日升旗仪式，升旗时举行一次晨会。晨会除进行体格训练、唱抗日救亡歌曲外，还有老师作军事讲话和国际时事政治讲话。每天下午落旗时，除进行行为纠正外，还举行每日国际、国内新闻问题解答会，激发了全校师生抗日爱国的热情。

1937年，卢沟桥事变后，日本帝国主义沿平绥线侵占包头，积极进攻宁夏，企图以宁夏为根据地，进而达到进攻陕西、甘肃及夺取整个西北之目的。“天津危急！华北危急！”宁夏也处于危急之中。为了团结全民族一致抗日，中共中央向全国发出通电，号召全国不分阶级、不分党派，联合筑成民族统一战线的坚固长城，抵抗日军的侵略。通电传遍祖

国大江南北、长城内外，一个为挽救中华民族危亡和争取民族解放斗争的抗日救亡运动迅速高涨起来。

1937年7月中旬，宁夏省立实验小学在银川街头举行了声势浩大的宣传抗日提灯游行。这天，由学生、老师组成的游行队伍，如同一条彩色的长龙，穿越在银川东西南北大街中，队伍的最前面，排列着整齐的鼓号队，队伍中间是各种颜色的灯笼队，灯上写着“神圣的抗日战争打响了”“要求政府对日宣战”“打倒日本帝国主义”“铲除汉奸卖国贼”“保卫华北”“收复东北”等标语，学生们提着各种宣传抗日的彩色画灯跟在后面。游行队伍由北王元大街（现民族北街）出发，西经天主教堂，东转向钟鼓楼，南到柳树巷、师范附中、公安厅、新华街、玉皇阁。不论游行队伍走到哪里，街道两旁都挤满了观看的群众，他们听着，议论着，也跟着喊起来了口号。有的店铺放起了鞭炮，迎接游行队伍的到来。有些学校的师生也加入了游行队伍的行列。这次游行，是宁夏的一次规模较大的政治活动，它点燃了宁夏抗日的星星之火，唤起了宁夏回汉人民的抗日觉悟。

1937年秋，江苏淮安新安少年修学旅行团（简称“新安旅行团”）一行十八人，在顾问汪达之的带领下，经察哈尔、绥远来到宁夏，他们实践起陶行知先生提出的“生活即教育、社会即学校”的新教育主张，“沿途在石嘴山、黄渠桥、平罗、银川、吴忠、灵武、中宁等地，通过放电影、幻灯，表演歌咏、戏剧、杂耍，以及卖进步报刊、组织读书会、开展小先生活动等形式，向回汉人民宣传国难当头团结抗日、救亡图存的道理”。当他们到达银川后，先在实验小学住了几天，与实验小学的师生进行了座谈和联欢，放映了反映抗日战争的无声电影，然后又走上街头，向群众高唱《锄头歌》《义勇军进行曲》等抗日歌曲。并进行慷慨的演讲：“我们的民族整个浸在艰难里，从艰难中奋斗，是我们民族唯一的出路。”新安旅行团在宁夏的抗日宣传活动，不仅鼓舞和教育了宁夏人民，也使实验小学的进步师生受到启迪，认识到只有建立起抗日组织，才能更好地团结教育全省各族各界群众进行抗日活动。于是，侯亦人、薛嵩山（现名薛云亭，已去世）、涂春林等进步教师，开始串联，共同酝酿，制定了“团章”“团员守则”，并借鉴《新安旅行团团歌》歌谱，自作歌词，编写了《宁夏少年战地服务团团歌》。起草了《宣言》及《告西北同胞书》等，在实验小学内部组成了西北少年战地服务团（简称“少战团”）。建团初期，他们经过严格的挑选，发展了部分学习优秀、政治可靠的高年级学生入团，计划一旦时机成熟，组织团员开赴前线为战地服务。最初的团员是李志纯、李有桢、宋谦、贺守中、钱钺、马春元、杜子英、史文通、饶钰馗，邵景禄、杨茂芮、刘兴、徐振华等二十余人，正副团长分别由学生李志纯、宋谦担任，下设组织、宣传、生活等部门，领导核心由侯亦人、薛嵩山、涂春林负责。少战团的宗旨是“爱护中华，赶走强盗”；战斗口号是“火线就是操场，战地就是课堂”“唤起民众，一致抗日”。在团章中严格要求团员遵守组织纪律，必须做到“三要”“三不做”和“三不怕”。“三要”即一要服从组织决定，二要保守组织秘密，三要忠心耿耿为抗战、为战地服务。“三不做”即一不做亡国奴，二不做汉奸，三不做顺民。“三不怕”即一不怕苦，二不怕难，三不怕牺牲。为了防备敌人破坏，少战团采取秘密性活动方式，在进行活动时，都编有一套暗语。

少战团建立时，正值学校放寒假，他们便利用假期，在团员中进行内部教育，学习进步书籍和报刊，如茅盾的《理论与现实》，沈志远的《中苏文化》，生活书店出版的《青年自学丛书》《黑白丛书》（内容有“中国是怎样降为半殖民地半封建的”）等书籍；还有延安出版的《解放》《抗战》《全民抗战》《文艺阵地》《群众》《新华日报》，中华全国作家抗敌协会出版的《抗敌文艺》等报纸杂志。他们还分别讲授了时事政治、艺术、战地救护、游击战术等常识。通过学习，不仅丰富了团员的知识，而且提高了大家的思想觉悟，为以后北上组织，公开进行抗日活动作了思想上和组织上的准备。

在党的领导下开展群众性的抗日活动

为了取得公开活动的合法地位，少战团决定以请愿的斗争方式，迫使宁夏当局承认其组织。从1937年12月开始，侯亦人等同志以为宁夏政府和百姓争光为理由，多次前往马鸿逵住处请愿，要求正式批准成立西北少年战地服务团。这一行动得到了社会各方面的同情和支持，也引起了宁夏地下党组织的注意和重视。中共宁夏工委负责人杨学文（现名李仰南，已去世）经袁丽生（现名袁全章，已去世）的介绍，以教师身份来到实验小学开展工作，并和侯亦人、薛嵩山、涂春林等同志建立联系。从此，少战团就正式成为中国共产党领导下的一支抗日的重要宣传力量。他们计划在少战团得到正式批准后，以赴战地服务为名，先将团员带往延安受训，日后再赴战地活动，抓紧时机为党在宁夏活动培养骨干力量。同时，杨学文同志又及时组织由教育界人士张方山（现名孙方山，已去世）、高立天、闫延栋、梁飞标、征克非等参加的“读书会”支持声援少战团的请愿。开始马鸿逵不同意成立西北少年战地服务团，派他的五姨太邹德一出面接见团员们，以年龄小不能上前线为借口来搪塞。可是团员们态度坚决，一次又一次去请愿，马鸿逵不接见就拦截他乘坐的马车，跟他讲抗日的道理，讲日军杀害中国儿童的暴行。经过数次斗争，马鸿逵无奈，只得令省政府批准成立少战团，但将西北少年战地服务团改名为“宁夏少年战地服务团”，并限在宁夏省所管辖的范围内活动。

1938年1月，宁夏少年战地服务团正式在银川宁夏省立实验小学成立，在共产党的领导下开始了公开性的抗日救亡活动。

少战团取得合法地位后，实验小学六年级学生基本入了团，还在四五年级中发展了部分学生入团，团员人数迅速增加到二百余人。从1938年春至1938年秋，在党的领导下，少战团先后组织了宣传队、歌咏队、剧团等，从校内活动走上街头，从城市走向农村，进行了较大规模的抗日宣传。其主要活动有创办街头壁报，由涂春林主编，每天前半夜编稿，后半夜抄写，每日一期，抄为两份，一份贴在鼓楼，一份贴在菜市场（现新华街一带），然后由团员向群众宣讲。壁报主要内容是介绍可爱的祖国，宣传中国人民反抗外来侵略的光荣传统和民族英雄的英勇事迹。团员走上街头张贴连环漫画和抗战形势图，揭露日军侵略中国的暴行；唱抗日救亡歌曲，如《义勇军进行曲》《大刀进行曲》《游击队歌》《打回老家去》《救亡歌》等；还演出《放下你的鞭子》《王芳救国》《逃难到宁夏》《小放牛》等街头剧；同各校师生举行联欢会、座谈会，组织教歌、排剧，为学校培养宣传骨干；慰问抗日军属，每到一地，都到抗日军属家中嘘寒问暖，帮助他们扫地、担水等；利用各种纪念日和集市向群众做时事报告，演出文艺节目。1938 年，三八妇女节时，由少战团发起，实验小学女教师和女团员出面，联合银川其他学校的一些女教师，还邀请社会各界妇女，在实验小学礼堂召开了“三八妇女节纪念会”。为了防止意外情况发生，会前，侯亦人、薛嵩山、涂春林等同志作了周密地安排。他们利用马鸿逵的五姨太邹德一想插足教育界捞实权的心理，专门给她发了请帖，请她做大会主席。开会那天她没有来，但给大会写了很长的贺信。会上还邀请了国民党省党部组织科科长袁金章到会讲话。那天参加会议的人很多，很多妇女上台发表抗日言论，会后少战团表演了《抗日最后胜利舞》，演出了话剧《放下你的鞭子》，在社会上反响很大。

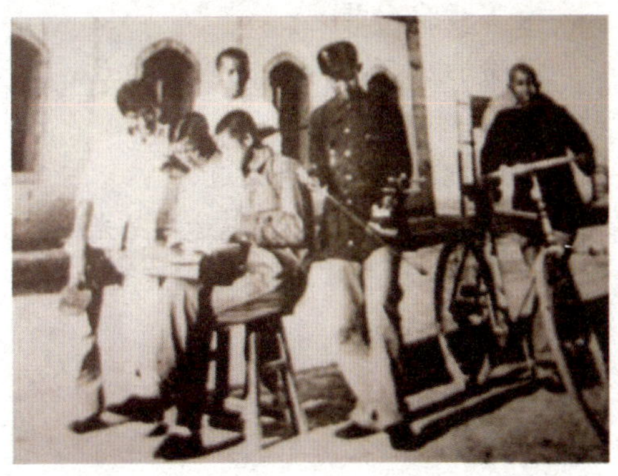

1937 年，宁夏部分少战团团员在排练抗日宣传节目

4 月 4 日，省政府举行儿童节演讲比赛，在侯亦人、涂春林等同志的帮助下，少战团团长李志纯也登台演讲《抗日战争和宁夏少年儿童》。他列举了东北学生生活贫苦，华北学生不能上学读书的事实，表示宁夏少年儿童不能落后，要起来抗日，打倒日本帝国主义。他的演讲深深地打动了台下听众的心，并博得了一阵阵喝彩声。

1938 年 4 月，各中等学校恢复开课后，少战团挑选了一部分团员（主要是六年级学生）组成宣传队，由侯亦人、涂春林带领从银川出发，先到习岗、立岗、姚伏、平罗、黄渠桥、宝丰等地进行抗日宣传活动。返回银川没几天，又到望远桥、杨和、王洪堡、叶盛堡、灵武、吴忠、金积、彰恩、鸣沙洲、中宁、石空、镇罗堡、广武、宁塑等地进行抗日宣传。

1937 年 7 月，薛嵩山和实验小学校长高立天带领少战团团员联合宁夏中学抗日宣传队，赴立岗、姚伏、平罗、黄渠桥、惠农、石嘴山等地宣传。一路上生活极为艰苦，但个个精神饱满，兴趣浓厚。每到一地，他们便与当地学校召开时事座谈会，举行联欢会、学习经验交流会，为学校培养宣传骨干；又走上街头、集市、农村出壁报，演街头剧，教唱抗日歌曲，直至深夜方休。他们每到一地，还深入进行调查和采访，了解各阶层人士对抗日的态度和群众的疾苦，耳闻目睹宁夏回汉人民在马鸿逵统治下的悲惨生活。这些经历使团员们开阔了视野，提高了觉悟，坚定了抗日的信念。当少战团到中卫后，受到女校校长冯永吉、主任苏印泉、教师张子平等的热烈欢迎。他们当即在学校组织大会，请少战团给学生教唱《义勇军进行曲》《八路军战歌》，帮助排演街头剧等。随后，他们共同慰问了抗日军属。在平罗，团员们在赶庙会的戏台对面，进行慷慨激昂的演讲，教唱抗日歌曲，还演出了《王芳救国》等剧，使在场的群众热泪盈眶，将庙会变成了宣传抗日救亡运动的群众大会，台上台下形成了一片抗日救亡的歌声和口号声。从此，少战团的活动在民众中影响越来越深，少战团的团歌在宁夏人民中也震荡了起来：

团友们！别忘了我！同志们，别忘了我们的目标！

要爱护中华，要赶走强盗。

不怕那风狂与海啸，更不怕飞机与大炮。

别笑我们年纪小，我们要到战地来跑跳！来跑跳！

团友们！别忘了，我们的目标，

要爱护中华，要赶走强盗。

我们的家破产了，我们的国抢光了。

听呵！到处是敌人的飞机和大炮。

团友们，别睡了，把这伙杀人鬼子都赶掉、都赶掉！

团友们！别忘了，我们的目标！

要爱护中华，要赶走强盗。

不怕它路远，不怕它山高。

走上了前哨，到战地跑跳。

我们是西北的小英豪！小英豪！

1938年7月，少战团的主力军即实验小学六年级学生就要毕业了，为给学校留个纪念，表达学生们对老师的深厚感情，毕业的团员们在校内制作了一个很大的炸弹模型，模型通体为黑色，并有朱红色的文字铸成。在模型的正上方写着“献给母校留念”，中间写着“六年来的我们”，下方是李志纯、钱钺、宋谦、李有桢、饶钰馗等团员的签名。为了勉励团员们在新的生活历程中勇往直前，母校也给团员们赠送了一件珍贵礼物——油印书，书名是《六年来的我们》，书的开头是实验小学校长高立天写的告毕业同学，涂春林写的《别矣！六年级同学们》，还有杨学文、侯亦人、薛嵩山、涂春林、高立天、刘仁轩、徐锡麟等十名同志代表母校及少战团给同学们的题词，十四名学生还代表全体同学分别写了思想报告。此外，母校还为毕业同学赠言：

你们诚如一颗炸弹，曾轰动了这边塞的抗日空气。

你们也是一点泡沫，掀起了杀敌的怒涛。

火一般的烈焰，已燃着了群众的同情。

点滴的工作，已表现在乡村，

这会儿你们高兴吗？满意吗？

……愿你们永葆此刻纯洁的心灵！

整齐步伐向前进；

不分散，不离群，充实着自己，帮助着别人。

扫除荆林，开辟条大道，

这前途才是光明，这前途定是光明！

（本文选自《抗日战争时期青年运动专题论文集》，有删节）

抗日小英雄姜墨林

文／李燕洁

1931年，九一八事变后，东北人民惨遭日军的蹂躏和奴役，生活十分悲惨。姜墨林是黑龙江省一户贫苦农民家庭的孩子，他自幼切身感受到国破家亡的痛苦滋味，心中埋下了对侵略者无比仇恨的种子，同时也产生了抗日复仇的愿望。

1932年，十一岁的姜墨林参加了儿童团。从此，他把抗日复仇的朴素愿望，变成了抗日救国的实际行动。在儿童团里面，姜墨林的年纪小，个子矮，可是工作起来却从不落后于别人。除了站岗放哨之外，他还利用唱歌、跳舞等形式，向乡亲们宣传抗日救国的道理。有时候，他还深入日军占领区，为党组织传递消息。

由于他聪明伶俐、机智勇敢，很快便博得了乡亲和同志们的好评，他的名声也渐渐在家乡传扬开来。甚至连日军和汉奸也都知道了他的名字，到处搜捕他。

1934年春，中共宁安县（今宁安市）县委派人找到姜墨林，询问完他的工作情况后对他说："敌人现在四处抓捕你，以后你可要更加小心呢！"

"想要抓住我，可没那么容易！"姜墨林一笑，调皮地回答道。

县委的同志严肃地说："和敌人斗争，胆子当然要大，但是光靠这不行，还需要心细。组织派我来，是有别的任务要交给你。"

"我坚决服从组织的安排，还有啥任务？"姜墨林既兴奋又好奇地问道。

"抗日的道路还很长，组织上决定派你去参加绥宁反日同盟军，在部队里接受锻炼。"县委的同志交代道。

"保证完成任务，一定当个勇敢的抗日战士。"想到可以上战场杀敌了，姜墨林高兴极了。

姜墨林兴冲冲地来到部队报到。部队的战士们看见来了一个小孩子，纷纷议论起来："这个小孩子都没枪高，能打仗吗？""是啊！小孩子来凑什么热闹呀？"有一位好心的老战士劝告他说："你还是回去吧。打仗可不是闹着玩的！"

听了这些议论，姜墨林难过极了。但他什么话也没说，心里暗暗想："我一定好好训练，英勇杀敌，不能让人看扁！"

此后每次训练，姜墨林都十分刻苦，

很快就熟悉了各种武器的使用，射击成绩提高得很快。在军事训练之余，他还起早贪黑地学习文化知识，不到三个月，就认识了一千多个字。

这天，姜墨林跟随部队到镜泊湖北面的杨胖子沟执行任务，与日军交上了火。这是姜墨林第一次参加战斗，可他一点都不畏惧，像只小老虎，勇猛地冲向敌人最多的地方。

“砰”的一声枪响，姜墨林打响了第一枪，没想到一枪就击毙了一个日本兵。姜墨林高兴坏了，毫不畏惧地向一个挂着战刀的日本军官冲了过去。

等他冲到跟前，那个日本军官才看清迎面而来的小孩是个手持手榴弹的抗日战士。他刚想举枪还击的时候，姜墨林甩出的手榴弹就在他的头顶开了花。

战斗结束后，鉴于姜墨林的勇猛表现，大家开始对姜墨林刮目相看。

在部队召开的评功会上，战士们七嘴八舌地议论着。

这个说：“姜墨林个子小，胆子大！”

那个讲：“第一次战斗就如此出色，真是后生可畏！”

“有志不在年高啊！”

听了大家的表扬，姜墨林脸红红的，哪里像是战斗时那个让敌人魂飞魄散的小勇士呀！

此后，姜墨林又参加了多次战斗，每次他都展现出无比的机智和勇敢。在炮火的洗礼中，姜墨林逐渐成长为一名真正的抗联战士了。

1935 年初，由于姜墨林在战斗中表现突出，成为一名光荣的中国共产主义青年团团员，并被调到二军四师四团的青年义勇军任小队长。

这一年，姜墨林只有十四岁。当他得知自己被任命为小队长时，既高兴又犹豫。高兴的是自己的表现被上级承认了，犹豫的是自己年纪尚小，考虑问题不周全，恐有负众望。

他找到大队指导员，忐忑不安地说道：“指导员，我不想当队长，还是让我当个兵吧！”

“为什么不想当队长呀？”指导员笑道。

“我……我担心自己没这个能力……”姜墨林吞吞吐吐地说。

“你的能力没问题，大家都很看重你。你是不是怕别人说你年纪小啊？”指导员好像看穿了姜墨林的心思。

姜墨林不好意思地点了点头。

指导员望着他，语重心长地说道：“队长不是看年龄大小，而是看能力大小。姜墨林，你现在是共青团员了，在困难面前只能前进，不能退缩，组织上给你重担，你就要勇敢地挑起来。如果有困难，你可以向上级反映，但是决不能没有自信。”

跟指导员谈心之后，姜墨林觉得踏实多了。

担任小队长后，姜墨林对自己的要求更加严格了。训练的时候，他总是最刻苦的一个；打仗的时候，他总是冲锋在前。不仅如此，姜墨林还非常关心自己的队员，他用实际行动证明，他是一个称职的小队长。

1935 年底，日军集结重兵，向抗日联军发起了疯狂的“围剿”。

当时，敌强我弱，如果和敌人硬碰硬的话，势必要吃亏。为了粉碎敌人的进攻，扰乱敌人的视线，姜墨林所在的教导大队奉命突袭双河镇，他所在的青年义勇军小队，被选入突击队，担起摧

毁东关敌军据点的重任。

姜墨林接受任务后，率队从宁安县秘密营地出发，在冰雪覆盖的大山里行军两昼夜，于第三天拂晓前来到了双河镇。他们不顾长途行军的劳累，立即进入东关阵地。

这时天还没有亮，姜墨林抓紧时机，率领队员潜入敌人据点前的壕沟里。壕沟有三米多宽，里面有很厚的积雪。战士们悄悄地前进，逐渐接近沟边的铁丝网。正当姜墨林指挥战士们剪开铁丝网的时候，一颗照明弹突然飞上天空，壕沟里的战士们完全暴露在敌人的视线里。只见一颗又一颗照明弹飞上天空，紧接着从敌军据点里扫来一排排机枪子弹。

战士们处于敌军火力的威胁下，处境十分危险。怎么办？姜墨林当机立断，命令小队分成四组，从不同方向在松软的积雪里继续挖沟前进。当他们离据点只有十米的时候，姜墨林第一个从雪沟里跳出来，奋力扑向敌军据点。他灵活地躲过敌人的火力网，来到敌人的碉堡下，举起一捆手榴弹，拉燃导火索后，猛地投进敌人的机枪射孔里。

只听一声巨响，没等碉堡里面的敌人反应过来，手榴弹就把他们炸得血肉横飞了。

爆炸过后，姜墨林对着敌军据点大声喊道："快投降吧！中国人不给日本鬼子卖命，把枪放下！"这句话果然奏效，据点里的伪军听到喊声，纷纷扔下枪逃出了据点。

后面的抗联部队趁机冲了上来，片刻之间就把据点里的三十多个日本兵消灭了。战斗结束的时候，天色已亮，这一仗一共消灭了一百多个敌人。

袭击双河镇后，抗联部队为避开敌人的援兵，迅速向山上转移。

天色已黑，经历了一场激烈战斗的战士们都已经疲惫不堪，许多人坐在雪地上休息，不知不觉就睡着了。一阵睡意向姜墨林袭来，不一会儿，他也和衣睡着了。

正当姜墨林睡得正香的时候，山下突然传来了一阵枪声，原来是敌人的骑兵队追过来了。姜墨林叫醒战士们，马上准备战斗。

小分队的战士们刚刚埋伏好，敌人已经冲上山来。

只听姜墨林一声令下："打！"顿时枪声大作，居高临下的战士们向冲上半山的敌人猛烈射击，敌人被打得人仰马翻，伤亡惨重。但是敌人并不放弃，仗着人多势众，一次次地向山上涌来，可又被小分队的战士们一次次地打退了。这场战斗进行了一夜，敌人的进攻被打退多次，最后不得不狼狈退走。1937 年冬天，日方增加兵力向抗日联军发动进攻。在敌人重兵包围下，抗日联军的处境变得非常艰难，物资匮乏，缺吃少喝，许多战士病倒了，形势非常严峻。为了改善战士的穿衣、吃饭问题，指挥部派姜墨林率小分队筹集粮食、棉花和布匹。

姜墨林接受任务后，率领着一支精干的骑兵小分队出发了。为了早日完成任务，他们日夜兼程，没花几天时间，便来到了依兰县县城附近。为了不暴露行踪，姜墨林让战士们就地隐蔽好，自己则化装成一个农民进城去。姜墨林机警地躲过了敌人的搜查进入县城后，找到了地下党组织和当地的救国会，并将此行的目的告诉了他们。在他们的帮助和当地群众的支持下，几天时间就筹措了一百多匹棉布和上千斤棉花。一些老人、妇女和儿童分多次将这些物资带出城外，交给在那里等候的小分队战士。一切准备好之后，姜墨林率领小分队将所有物资火速运向抗联营地。

小分队在返回营地途中，突然有一队日军骑兵从后面追了上来。

姜墨林冷静地命令道："运输队继续前进，骑兵随我断后。"接着，他有条不紊地指挥道："这里树林很多，正好可以打伏击战。同志们，先把战马藏好，然后在路边埋伏。"不一会儿，敌人骑兵队来了。

等敌人走近了，姜墨林果断地大喊一声："打！"敌人被打得措手不及，战马受惊，许多敌兵摔下马来，还没等他们爬起来便成了枪下之鬼。另一部分敌人赶紧下马还击，但是这时天色已晚，他们摸不清对方的实力，只好原地还击，不敢贸然进攻。战士们则利用有利地势，集中火力，打得敌人伤亡惨重。敌人只好停止追击，往后撤退。

打退敌人的追击后，姜墨林率领骑兵追上前面的运输队，连夜赶路，终于在第二天到达营地，顺利地完成了任务。

当这些物资运到营地时，战士们欢呼雀跃，因为他们又有粮食吃，有棉衣穿了，战斗力大大增强了。

1940年秋天，姜墨林率领部队到绥芬河大青山一带开辟游击战场。行军途中，姜墨林得知镇南一个日军据点只有二十多个日本兵，敌人的大队人马还在很远的地方。

这是个好机会！姜墨林决定歼灭该据点。等天黑之后，他率领战士们向该据点摸了过去。这时夜深人静，敌人还在睡梦之中，姜墨林和战士们突然闯入，打了敌人一个措手不及，敌人还来不及拿起武器，就被全部歼灭了。这场战斗打得非常漂亮，仅仅用了十几分钟的时间。

当敌人的主力部队得知镇南据点遭到突然袭击后，十分恼怒。他们派出大量部队，连夜追赶过来。

姜墨林发现后面有敌人的追兵，立即改变行军方向，向东南转移。当部队到达东宁县（今东宁市）西面的二十八道河时，突然与前面的一股敌人遭遇。这时，后面的追兵也到了。部队腹背受敌。姜墨林临危不乱，非常冷静地指挥战士们突围。

战斗打响了，由于敌我实力悬殊，姜墨林估计很难冲出敌人的包围，于是将文件烧毁，把电台砸碎，与敌人背水一战。他指挥战士们勇猛地反击，战斗进行得异常惨烈，敌人发起了一次次进攻，但都被打退了，只留下一具具尸体。姜墨林身边的战士们也一个个倒下了，最后只剩下他和另外三名战士了。

望着战友们的遗体，姜墨林双眼喷射出愤怒的火焰。他端起机枪，狠狠地向敌人扫射，撂倒了好几个日本兵，接着又扔过去一个个手榴弹，炸得敌人嗷嗷直叫。

敌人的冲锋又一次被打了下去。趁着敌人退下去的间隙，姜墨林向身边的战士命令道："你们三个人马上突围出去，这里交给我来掩护。"可是一个人怎么能够对付得了那么多的敌人呢？战士们都不肯丢下姜墨林，要求留在阵地。姜墨林见他们不肯走，大声吼道："必须服从命令！现在没时间了，你们快走，谁也不许留下！"他正说着，敌人又发起了冲锋。

突然，一颗子弹射中姜墨林的腿

部，他猝然倒下，鲜血染红了身下的土地。他一面冷静地抄起机枪向敌人扫射，一面厉声喊道：“你们快撤退！这是命令！”三名战士没有办法，只好眼含热泪，沿着一条水沟向外跑去。三名战士在突围途中，一人牺牲，另外两人冲出了敌人的包围，回到总部。

见战友突围，姜墨林心里再也没有任何负担。他手持机枪不停地向敌人扫射，敌人一片一片地倒在了他的枪口下，尸横遍野，血肉模糊。在敌人一轮又一轮的冲锋下，姜墨林的机枪子弹很快便打光了。敌人再一次冲了上来，而姜墨林已经走不动了。他把机枪扔到一边，从怀中掏出一把驳壳枪。此时他已将生死置之度外，能打死一个算一个，又有十几个敌人死在了他的枪口之下。敌人越来越近，而他枪里的子弹越来越少。枪膛里就剩下最后一颗子弹了！几个敌人趁机冲到了他的跟前，把他团团围住。姜墨林咬紧牙关，忍着剧痛从地上站起来，环视着周围的敌人。他想，宁死也不能让敌人抓住。只听一声大笑，接着一声枪响，姜墨林扣动扳机，把最后一颗子弹射进了自己的胸膛。就这样，姜墨林流尽了最后一滴血。

敌人没有想到，这位年轻的抗联英雄竟是如此顽强，又是如此勇敢。他们搜查姜墨林的衣袋，想从里面找到一些有用的文件或资料，却只找到了一张小纸条，上面写着：“中国必兴，日寇必亡！中国共产党万岁！抗日救国胜利万岁！”

一无所获的敌人气疯了，他们残忍地将姜墨林的遗体抛进了二十八道河。抗日小英雄姜墨林与他热爱的祖国河山融在一起，永世长存！

（本文选自中华魂网）

我是儿童团团员

文／彭富九

从村里的孩子头到儿童团团长

1918年，我出生在江西省永新县一个半自耕农家庭。家乡梅花村位于湘赣边界，距井冈山不到百里。

我记事的时候，家有祖上传下来的几亩薄田，同时租种地主两亩水田，靠吃苦耐劳、勤俭节约尚可维持生计，然而全家被祖辈欠下的高利贷债务压得喘不过气来。

1927年冬的一个晚上，家人正围着灶火取暖，突然听到有人敲靠山的后门。开门一看，全家老小不禁大惊失色，原来是两个带枪的陌生人。身背驳壳枪的那位很和气地说："请放心，我不是坏人，是来找彭福九和彭寿九的。"福九和寿九是我的两位堂兄。其时，我将满十岁，觉得这个人很神秘。

此后，带驳壳枪的"神秘客人"不时到我家，一来二去，我便与他混熟了。有一回我提出要看他的驳壳枪，他摸着我的脑袋问："小鬼，你几岁了，上学没有？"我壮着胆子反问："你是不是山上的土匪？"他笑着把我抱到腿上："我不是土匪，是为穷人办事的。"还开玩笑说："你要说我是土匪，以后你长大了也会当这样的土匪。"

后来我才知道，"神秘客人"叫刘作述，是永新早期武装斗争的领导人之一，后任红三军纵队政委，是黄公略军长非常器重的指挥员。而我的两位堂兄已是秘密中共党员，我家就是党组织的一个联络点。我在附近几个村庄当中算是个孩子头，受父兄及族中多位革命骨干的影响，表现积极，被推选为乡儿童团团长，就此应验了刘作述同志当"土匪"的那句戏言。

彭富九（中）与原儿童团的战友在一起

第一次参加战斗被父亲背回家

当年根据地有这样的规定：二十五岁至四十五岁的青壮年参加赤卫队，十七岁至二十四岁的青年参加少先队，八岁至十六岁的少年儿童参加儿童团

（相当于现在的少先队）。

苏区的共产儿童团诞生在残酷的武装斗争当中，其基本成员是农村的苦孩子。团员们平日脖子上系一根红带子，每人一支木枪或一根“花棍”（加工过的木棍），这些“行头”都由自己家里准备，并无统一规格。我们曾要求像少先队一样配备铁头红缨枪，但苏维埃政府认为我们年龄太小，操练时容易伤及同伴，没有同意。

那时山村孩子难得上学，集体活动对我们有很大吸引力，尤其男孩子天生喜欢军事游戏，有活动时召之即来，个个踊跃。因为读过几年书，我这个儿童团团长还兼任过乡政府的文书，有空时喜欢练习吹号。

第一次参加战斗是在1928年的春夏之交，袭击目标是三十里外茶陵县高陇镇的挨户团。那天晚上，父亲带着我随游击队从梅花出发，翻山越岭抵达高陇民团的土围子。战斗一打响，游击队队长便叫我吹号。第一次听到枪声，我紧张得浑身发抖，再加上走了几十里夜路很累，号怎么也吹不响。这个据点四周筑有坚固土墙，我们只有七八支枪，没能冲进去，还牺牲了一名游击队员。天将亮时队伍快速回撤，我困得实在走不动，是由父亲背回来的。

把睡懒觉的干部从床上拉起来

在根据地，凡是苏维埃政权可以稳定运转的乡镇，几乎所有劳动家庭的儿童都加入了儿童团，我们的活动也丰富多彩。地主子女是不允许加入的，昔日他们趾高气扬，随意欺辱穷孩子，此刻则变得灰溜溜的，站在远处羡慕地看我们练队列、排节目。

儿童团通过写标语、出壁报、搞文艺活动，宣传革命道理和英雄事迹，歌颂红军和苏维埃政权，鞭挞封建制度、陈规陋习和官僚作风。1930年，湘赣“十万工农下吉安”，第九次攻打吉安城时终于取得成功，时任潞江区儿童团团长的我带着儿童团团员们在路旁表演踩高跷，迎接参战队伍返乡。我们有的化妆成兴高采烈的红军战士、游击队员，有的化妆成失魂落魄的地主老财，那热烈欢腾的场面至今历历在目。

实行义务教育，开展扫盲运动，是苏区一项强制性的政策。农村家庭不愿让女孩子外出上学，儿童团团员们便挨户做工作，组织她们进识字班学习，同时也动员不识字的父母、成年的哥哥姐姐们参加夜间扫盲班。

那时候，农村吸鸦片和赌博的现象很普遍，难以根除。我们这些思想单纯、无所顾忌的儿童组成了禁烟禁赌先锋队，所向披靡，战果累累。只要一发现有吸大烟、聚众赌博者，我们立即手持木枪、花棍冲进现场，砸毁烟具、赌具，哪怕叔伯老子在场，也一律不留情面。

破除封建迷信也是一项重要任务，只要苏维埃政府一声令下，儿童团团员们见菩萨就打，见神龛就砸。有的老人警告说：“菩萨很灵，打不得，他会记住你，报复你的。”于是，我们就把脸涂黑，照打不误。晚年想起这些细节，也觉得好笑，把脸涂黑还不是怕被菩萨认出来嘛！

当年我们都会唱这样一首歌：“小朋友，大家齐动手，收集弹壳，破铜烂铁都要收，送去兵工厂，制造新弹药……”那时敌人对苏区实行严酷的经济封锁，根据地物资匮乏，每个儿童团团员都有收集废金属的指标，并开展评比。一等奖是飞机，二等奖是火车，三等奖是汽车，完不成任务的则要背乌龟。当然了，这些东西都是画出来的。记得有个孩子曾创下了当时的记录：一次上交空弹壳六十多斤。

大约从 1931 年开始，儿童团和少先队都组建了轻骑队，任务是净化社会风气，打击官僚作风。遇到那些爱睡懒觉的干部，我们一面高喊“反懒惰”，一面拍门，有时闯进屋掀开被子，把人直接从床上拉起来。轻骑队发现讲排场及浪费现象，就出壁报曝光，还派人盯住饭馆，看是否有官员进去大吃大喝。

不少苏区干部领教过儿童团的铁面无私。儿童团成立之初便承担站岗放哨的任务，小伙伴们执法认真，不论陌生人还是熟人都必须出示路条或通行证，否则不予放行。干部下乡忘记带路条，常常被站岗放哨的儿童团团员带到乡政府进行处理。有位巡视员在大会上号召共青团员、少先队员、儿童团员不吸烟、不喝酒，要求我们“发现一次吸烟或喝酒就出壁报公布，把人请到县儿童局进行批评”。没想到几天后我们发现他在饭馆里抽烟、喝酒，于是当面质问他为什么“说话不算话”。

在战火中成长为铮铮铁汉

共产儿童团诞生于武装斗争之中，一开始就按大队、中队、小队的编制组织起来，定期进行军事训练。全县儿童团每年会操一次，区儿童团每年两次，各区、乡还时常组织儿童团队列比赛。此外，共青团还请游击队员和红军伤病员给我们讲军事知识，教刺杀、投弹这些单兵动作，带我们“打野操”，即野外战术演练。苏区儿童在战争环境中学习军事，兴趣高，记得牢，很小就树立起组织纪律观念，为参加战斗打下了基础。根据地多为偏僻山区，交通不便，信件及消息主要靠人力逐站传递，有马也不能骑，因为目标太大。信件通常分三个等级：“急件”插一根鸡毛，“火急件”插两根鸡毛，“十万火急件”插三根，这就是著名的“鸡毛信”。若一时找不到鸡毛，就在信封上画圆圈代替。儿童团员还利用到白区走亲戚的机会，为红军和游击队侦察敌情。有一次，儿童团团员贺金姬被派到白区进行侦察，她沉着机智地通过敌方哨卡，而后用巧妙的方法探知敌人的数量和所在位置。这些情报发挥了作用，贺金姬受到湘赣军区的表扬。

土地革命时期，男儿童团员有的直接参加红军，有的先加入少先队、游击队或担任挑夫、担架员等，而后正式编入部队。这批“红小鬼”在战争中伤亡数量大，只有部分人经过长征胜利走到延安，后来见到五星红旗在中华大地上飘扬。在共和国将军行列中，不少人曾经是当年的儿童团团员。红军长征离开根据地后，留下的新老儿童团员们境遇各不相同。有些同家人一起艰难度日，有的在当地坚持斗争，很多人牺牲了，也有一些人离开了，凡是坚持下来的都是铮铮铁汉。

（本文选自《解放军报》）